ALLE
DREI
TAGE

LAURA BACKES UND
MARGHERITA BETTONI

ALLE DREI TAGE

WARUM MÄNNER FRAUEN TÖTEN UND WAS WIR DAGEGEN TUN MÜSSEN

Deutsche Verlags-Anstalt

MIX
Papier | Fördert gute Waldnutzung
FSC® C014496

Penguin Random House Verlagsgruppe FSC® N001967

2. Auflage

produktsicherheit@penguinrandomhouse.de
(Vorstehende Angaben sind zugleich Pflichtinformationen nach GPSR)

Umschlaggestaltung: Favoritbuero, München
Satz, Druck und Bindung: GGP Media GmbH, Pößneck
Printed in Germany
ISBN 978-3-421-04874-5

www.dva.de

Triggerwarnung: Das folgende Buch enthält Schilderungen sexualisierter Gewalthandlungen, die belastend und retraumatisierend wirken können.

Für alle Frauen,
die sich weltweit für Frauenrechte engagieren

Inhalt

Vorwort

Sie waren in Paris zusammengekommen, um ihrer Wut und ihrer Empörung Ausdruck zu verleihen. Die rund 49 000 Demonstrant:innen, die am 23. November 2019 von der Place de l'Opéra bis zur Place de la Nation vorbeizogen, skandierten laut: »Solidarität mit all den Frauen auf der Welt!« Manche von ihnen hatten sich rote Tränen auf die Wangen gemalt, andere trugen Plakate mit Sprüchen wie »Für die Schmerzen und das Blut hat eine Frau schon ihre Tage« oder »Wir sind der Schrei derer, die keine Stimme mehr haben« bei sich. Auf einigen Plakaten waren Frauennamen zu lesen – die der 116 Frauen, die zwischen Januar und November 2019 in Frankreich von ihren (Ex-)Partnern ermordet worden waren. Die Menschen, die an jenem Novembertag die Straßen der Pariser Innenstadt säumten, waren alt, jung, weiblich, männlich, divers – und vereint in einem Ziel: gegen sexualisierte Gewalt und Morde an Frauen zu protestieren.

Auch in anderen europäischen Ländern, etwa in Spanien und Italien, gingen damals – wie jedes Jahr rund um den Internationalen Tag gegen Gewalt an Frauen am 25. November – Zehntausende auf die Straße, um zu protestieren. Und in Deutschland? Dem Aufruf eines Berliner Frauenzentrums zu Protesten folgten gerade einmal 1000 Menschen. Auch bei Demonstrationen und Kundgebungen in anderen deutschen Großstädten blieben Aktivist:innen eher unter sich. Die breite Gesellschaft schien kein großes Interesse an dem Thema zu haben.

Zwar wird das Thema allmählich auch hier präsenter, aber wirklich geändert hat sich in Deutschland in den vergangenen anderthalb Jahren wenig. Und das liegt keinesfalls daran, dass das Problem hierzulande nicht existiert – im Gegenteil.

Alle drei Tage. Der Titel dieses Buches ist Ausdruck einer dramatischen Statistik. An ungefähr jedem dritten Tag im Jahr 2019 hat ein Mann in Deutschland seine (Ex-)Partnerin getötet. Noch schlimmer: Ungefähr einmal pro Tag hat ein Mann seine (Ex-)Partnerin angegriffen, um sie zu töten. Dabei war 2019 kein besonders grausames Jahr. Diese Zahlen sind in Deutschland Normalität. 2018 wurden 122 Frauen von ihrem (Ex-)Partner getötet, 2017 waren es 147.

In diesem Buch geht es um ein Problem, das in Deutschland selten thematisiert wird – und wenn, dann in aller Regel unzureichend. Wenn Medien über die Fälle berichten, sprechen sie oft von Beziehungsdramen oder Familientragödien, vor allem dann, wenn auch Kinder ermordet werden. In der Forschung ist mal von Partnertötung, mal von Trennungstötung die Rede. Wir, die Autorinnen dieses Buches, haben uns für einen anderen Begriff entschieden: Femizide. Dieser Begriff hat sich in vielen Ländern der Welt längst durchgesetzt und bezeichnet die Ermordung von Frauen aufgrund ihres Geschlechts oder wegen bestimmter Vorstellungen von Weiblichkeit.

Worte wie Trennungstötung oder Partnertötung sind an sich nicht falsch. Die beiden Beteiligten, Täter und Opfer, waren oft Partner, es war also kein Fremder, der die Frau erschlug, erschoss oder verbrannte. Häufig geschehen diese Taten während oder nach der Trennung. Problematisch an diesen Worten ist aber, dass sie ein essentielles Detail verschweigen: Die Opfer sind in der Regel Frauen, die Täter meistens Männer. Diese töten »ihre« Ehefrauen, »ihre« Verlobten, »ihre« Ex-Freundinnen, weil sie sie nicht gehen lassen, sondern sie besitzen wollen. Sie töten die Frauen auch, weil sie Frauen sind. Diese Tötungen sind keine Einzelfälle, sondern Ausdruck eines strukturellen Problems der gesamten Gesellschaft. Weltweit. Im Begriff Femizid sind all diese Dimensionen enthalten.

Das Wort ist die Übersetzung des englischen Begriffes *femicide*. Seine heutige Bedeutung ist der südafrikanischen Soziologin Diana Russell zu verdanken. In Brüssel versammelten sich 1976 über 2000 Frauen aus 40 Ländern für ein viertägiges historisches Ereignis: Das Internationale Tribunal zu Gewalt gegen Frauen. Das Ziel: Aufmerksamkeit für all die Verbrechen zu schaffen, die Frauen weltweit erleiden mussten. In ihrer Rede sprach Russell von *femicide,* von Morden an Frauen, weil sie Frauen sind. Sie wollte eine Alternative zum geschlechtsneutralen Wort *homicide,* Mord, finden, um zu betonen, dass bei Femiziden das weibliche Geschlecht der Opfer zentral ist. In Deutschland hat sich der Begriff auch 44 Jahre später noch nicht durchgesetzt. Erst seit 2020 steht er im Duden – immerhin ein kleiner Fortschritt.

Wie breit man Femizide fassen kann, zeigt die *Vienna Declaration on Femicide* der Vereinten Nationen. Sie wurde im Rahmen eines Symposiums im UN-Büro in Wien erarbeitet. Demnach sind nicht nur Frauentötungen durch einen (Ex-)Partner Femizide, sondern auch sogenannte »Ehrenmorde« oder Tötungen von Frauen und Mädchen aufgrund ihrer sexuellen Orientierung. Auch weibliche Infantizide und Fetizide, also die Tötung von Kindern und die Abtreibung weiblicher Babys oder Föten aufgrund ihres Geschlechts, zählen dazu. Das ist zum Beispiel in Indien ein großes Problem. Daten der indischen Regierung zufolge gehen dort jährlich zwei Millionen Mädchen »verloren«. Sie werden abgetrieben, nach der Geburt umgebracht oder sterben an Vernachlässigung oder unzureichender Ernährung, weil ihre Eltern sich lieber einen männlichen Nachkommen gewünscht hatten. Auch Frauen, die an den Folgen einer Genitalverstümmelung sterben, zählen laut der *Vienna Declaration* zu den weltweiten Femizidfällen. Genauso Frauen, die selbst heutzutage in manchen Ländern noch der Hexerei bezichtigt und deshalb getötet werden.

Es ist wichtig, all diese Femizidformen zu bedenken, wenn man das Problem auf einer weltweiten Skala analysiert. In diesem Buch konzentrieren wir uns jedoch auf Femizide im

Rahmen einer (Ex-)Partnerschaft. Diese Art des Femizids kommt in Deutschland statistisch gesehen am häufigsten vor. Wir sprechen in der Regel von »Männern« und »Frauen« – verstehen das aber nicht im zweigeschlechtlichen Sinn. Denn wir sind uns zum einen bewusst, dass das Problem genauso trans* Frauen und trans* Mädchen betrifft. Zum anderen wissen wir, dass geschlechtsspezifische Gewalt sich auch gegen Menschen richtet, die sich als nichtbinär verstehen beziehungsweise sich nicht als Frauen identifizieren, aber von den Tätern als solche wahrgenommen werden.

Obwohl jeden dritten Tag eine Frau in Deutschland ermordet wird und es sich dabei um ein systemisches Problem handelt, werden Femizide in Deutschland immer noch zu wenig thematisiert, geschweige denn strukturell analysiert. Das Interesse von Politik und Behörden ist begrenzt. Das zeigt schon die prekäre Datenlage. Zwar veröffentlicht das Bundeskriminalamt (BKA) einmal im Jahr eine Statistik zum Thema Gewalt innerhalb der Partnerschaft. Dort wird auch aufgeführt, wie viele Männer ihre (Ex-)Partnerin getötet oder es versucht haben. Darüber hinaus gibt es aber keine öffentlich zugänglichen Daten. Nicht über Tatmotive, nicht über die Vorgeschichte der Paare. Dabei wären derlei Informationen notwendig, um Femizide besser zu verstehen – und um sie gezielt zu bekämpfen.

Das Bewusstsein dafür, dass es sich bei Femiziden nicht um Einzelfälle, sondern um eine gesellschaftliche Herausforderung handelt, ist hierzulande nach wie vor gering. Während die Politik in Spanien schon vor Jahren neue Femizidgesetze verabschiedet hat und Femizide dort und in anderen Ländern ganz selbstverständlich in den Abendnachrichten vorkommen, berichtet die Tagesschau nach eigenen Aussagen in der Regel nicht über das, was sie »Beziehungstaten« nennt.

Im Jahr 2018 haben wir, die Autorinnen dieses Buches, uns zum ersten Mal journalistisch mit dem Thema Femizid auseinandergesetzt. Laura arbeitete damals im Deutschlandressort des Magazins Der SPIEGEL. Zusammen mit anderen Kolleg:innen recherchierte sie mehrere Wochen lang zum Thema Partnerschaftsgewalt. Das Ergebnis war ein mehrseitiger Artikel mit dem Titel »Die Hölle daheim«. Unter anderem wurden darin die damals neu erschienenen Zahlen des Bundeskriminalamtes über Femizide innerhalb einer Partnerschaft thematisiert. Eine der Leitfragen des Artikels suchte Antworten darauf, warum der gewaltsame Tod von mehr als 100 Frauen im Jahr 2017 kaum jemanden in Deutschland aufzuregen schien.

Im selben Jahr reiste Margherita in ihr Heimatland Italien, um für das Schweizer Magazin *Reportagen* über einen Femizid zu recherchieren. In einem Dorf hatte ein 24-Jähriger seine 22-jährige Freundin erschossen und sich anschließend selbst das Leben genommen. Als die Eltern des Opfers den Stadtrat um eine Gedenktafel für ihre Tochter gebeten hatten, gingen die Meinungen in der Gemeinde darüber auseinander. Der Bürgermeister trat am Ende zurück, weil er den Eindruck hatte, seine Kolleg:innen und Mitbürger:innen sähen das Femizidproblem nicht ein.

Was uns beiden unabhängig voneinander damals auffiel, war, wie wenig das Thema Femizide auch in Deutschland thematisiert und analysiert wird. Wir tauschten uns über unsere Erfahrungen aus und beschlossen, ein Buch darüber zu schreiben.

Mit diesem Buch wollen wir umfassend über Femizide aufklären. Wir beginnen mit einer Einordnung des Tatherganges und suchen eine Antwort auf folgenden Fragen: Wer sind die Opfer? Wie laufen die Taten ab? Gibt es wiederkehrende Muster? Wir widmen uns der Täterforschung und gehen der Frage nach, ob es bei Femiziden einen besonderen Tätertyp gibt. Aber wir schauen auch auf das, was nach einem Femizid passiert, und fragen, wie es den Kindern, den Eltern und den Geschwistern eines Femizidopfers ergeht. Wir diskutieren, ob

Femizide in Deutschland gerecht bestraft werden und ob die Behörden ausreichend ausgestattet sind. Zudem analysieren wir die Berichterstattung in deutschen Medien: Welche Fehler werden gemacht und wie könnte es besser gehen? Und wir richten den Blick ins Ausland, um zu sehen, wie andere Länder mit Femiziden umgehen. Zu guter Letzt versuchen wir Antworten auf die Grundfrage zu finden: Wie lassen sich Femizide vermeiden?

Um diese Fragen zu beantworten, haben wir Forschungsarbeiten aus verschiedenen Ländern gelesen und ausgewertet. Wir haben Bücher über Femizide, Gewalt gegen Frauen und Feminismus gelesen. Wir haben mit Expert:innen gesprochen, mit Forscher:innen, mit Jurist:innen und mit Mitarbeiter:innen von Frauenhäusern. Wir haben Gerichtsurteile angefordert und eingesehen, Verhandlungen selbst beigewohnt und Anfragen an die Landeskriminalämter und an das Bundeskriminalamt geschickt. Wir haben mit Angehörigen von Femizidopfern gesprochen – und mit einem Täter häuslicher Gewalt.

Eines unserer wichtigsten Anliegen war es, Frauen in den Mittelpunkt unseres Buches zu stellen. Wenn über einen Femizid in den Medien berichtet wird, liegt der Fokus häufig auf dem Täter. Man erfährt, was der Mann für ein Mensch war, welche Hobbys er hatte und welche Gefühle ihn vermutlich zum Mord bewegt haben. Wir dagegen möchten mit diesem Buch den Frauen eine Stimme geben. Zwischen den analytischen Kapiteln finden sich deshalb die Protokolle von fünf Frauen, die einen Femizidversuch überlebt haben. Das erste Protokoll folgt gleich nach diesem Vorwort. Die Frauen kommen in diesen Protokollen ausführlich zu Wort, erzählen, was sie erlebt haben, wie es ihnen nach der Tat ergangen ist und was sie anderen Frauen in Gewaltbeziehungen raten.

Diese Frauen ausfindig zu machen, war eine der größten Herausforderungen im Rahmen dieses Buchprojekts. Manche Frauen, die einen Femizidversuch überlebt haben, wollen diesen am liebsten nur vergessen. Zu groß ist der Schmerz, als dass sie das Geschehene noch einmal erzählen, noch einmal durchleben möchten. Manche Frauen haben Angst, mit ihrer Geschichte an die Öffentlichkeit zu gehen. Sie wissen, dass der Täter eines Tages freikommen wird, und fürchten seine Reaktion. Andere Frauen haben die Sorge, ihre Kinder könnten Nachteile erleben, wenn der Fall öffentlich verhandelt wird. Wieder andere befürchten, man könnte sie schnell verurteilen, etwa weil sie einen gewalttätigen Partner nicht früher verlassen haben. All diese Reaktionen sind verständlich.

Deshalb ist es wenig überraschend, dass viele unserer Interview-Anfragen abgelehnt wurden. Erfreulicherweise waren einige Frauen letztendlich doch bereit, mit uns zu sprechen. So konnten wir zum Beispiel Nadia Yousfi in der Kanzlei ihrer Anwältin persönlich treffen. Im Fall von Stefanie K. und Rania Idrissi nahmen wir an den Prozessen gegen die Täter teil und protokollierten – mit Einverständnis der beiden Frauen – ihre Aussagen vor Gericht. Kader K. und Vanessa Münstermann hatten sich schon vorher dafür entschieden, mit ihren Lebensgeschichten an die Öffentlichkeit zu gehen. Sie beide haben Bücher geschrieben, in denen sie die Femizidversuche ihrer Ex-Partner verarbeiten. Auch mit ihnen haben wir lange Interviews geführt.

All diese Treffen und Gespräche waren nicht leicht für uns. Wir haben uns vor den Terminen Fragen über den richtigen Umgang mit unseren Interview-Partnerinnen gestellt. Wie kann man jemanden bitten, die schrecklichsten Details des Geschehenen zu erzählen, ohne die Person dabei zu retraumatisieren? Wir sind sehr behutsam vorgegangen und hoffen, dass uns das gelungen ist. Auch emotional waren diese Gespräche sehr herausfordernd – wir hatten schließlich mit Frauen zu tun, die so alt wie wir oder kaum älter waren.

In den Protokollen sowie in den anderen Kapiteln werden Femizide oder Femizidversuche rekonstruiert. Dabei handelt es sich teilweise um drastische Schilderungen von Gewalt. Diese detailreichen Beschreibungen sind aus unserer Sicht notwendig, um die Tragweite der Taten zu erfassen. Denn vielen Femizidtätern geht es nicht nur darum, eine Frau umzubringen, sondern darum, sie regelrecht zu vernichten. Die Forschung beschreibt das als *overkilling,* Übertötung. Und dieses *overkilling* ist deutscher Alltag. Die Fälle mit allen dazugehörigen Details zu rekonstruieren, war nicht immer einfach; darüber zu lesen, wird bestimmt nicht leichter. Aber es ist wichtig, um zu verstehen, was in Deutschland, in Europa und in der Welt alltäglich ist.

Hamburg, im November 2020

Laura Backes und Margherita Bettoni

Protokoll 1

»Seit meiner Aussage schlafe ich endlich wieder besser.«

Stefanie K. ist 39 Jahre alt, lebt in Rostock und hat drei Kinder. Mit Christian B. war sie ein knappes Jahr zusammen. Wenige Wochen nach der Trennung stieß er sie während eines Streits aus dem Fenster. Als sie unten auf dem Boden lag, stach er ihr mit einem Küchenmesser in den Hals. Er ist angeklagt wegen versuchten Mordes.

An dem Tag im September 2020, als ich vor dem Landgericht Rostock gegen meinen Ex-Freund Christian B. aussagen sollte, wusste ich lange nicht, ob ich es wirklich schaffe. Mit ihm in einem Raum zu sitzen. Noch einmal zu erzählen, was er mir angetan hatte. Und das Ganze vor Publikum. Denn das öffentliche Interesse war groß, die Zuschauerreihen waren voll besetzt.

Gegen 13 Uhr betrat ich den Saal und sah Christian da neben seinem Anwalt sitzen. Er trug Fußfesseln. Zum Glück war eine Frau, die auf Prozessbegleitung spezialisiert ist, an meiner Seite. Im Zeugenstand saß sie direkt neben mir und redete mir immer wieder gut zu. Der Richter bat mich zu berichten, was am Abend des 1. März 2020 passiert ist. Er sagte: »Da müssen wir jetzt durch.« Ich stockte, holte tief Luft, dann erzählte ich, wie Christian versucht hatte, mich umzubringen.

Am 29. Februar hatte ich mich mit Freunden aus meinem Dartverein bei einer Faschingsparty verabredet. Wir hatten viel Spaß, ich teilte mir mit einer Freundin anderthalb Flaschen Sekt. Ich bemerkte einen Mann, nicht verkleidet, der mich immer wieder direkt ansah. Damals dachte ich mir nichts dabei. Kürzlich kam dieser Mann auf mich zu und entschuldigte sich. Er habe mir damals nichts Böses gewollt, er sei von Christian beauftragt worden, ein Auge auf mich zu haben. Woher Christian wusste, dass ich auf dieser Party war, weiß ich bis heute nicht.

Gegen vier Uhr nachts wollte ich nach Hause. Die Straßenbahn fuhr noch nicht, die Taxi-Hotline war besetzt, der nächste Bus sollte erst in einer Stunde kommen. Also rief ich Christian an. Er wohnte in der Nähe, vielleicht konnte ich bei ihm übernachten. Wir hatten uns zwar vor ungefähr vier Wochen getrennt, wollten aber eigentlich Freunde bleiben. Hintergedanken hatte ich keine. Es war vielleicht nicht die schlauste Idee in meinem Leben, aber ich war echt müde. Er ging nicht ran, also wartete ich auf den Bus.

Um kurz vor acht Uhr morgens rief Christian zurück. Als ich ihm erzählte, dass ich bei ihm hatte übernachten wollen, legte er sofort los. Er wisse, wo ich gewesen sei, sagte er wütend. Seine Leute hätten mich gesehen. Er behauptete mal wieder, ich hätte irgendwelche Männergeschichten am Laufen. Wieso ich ihm nicht gesagt hätte, dass ich ausgegangen war, fragte er. »Ich wollte nicht, dass du mir den ganzen Abend Nachrichten schickst, um mich zu kontrollieren«, sagte ich ehrlich. »Und ich weiß, wie der Abend verlaufen wäre, wenn du dabei gewesen wärst. Die Beschimpfungen. Die Handgreiflichkeiten.« Darauf hatte ich keine Lust gehabt. Ich bat ihn, mich erst einmal schlafen zu lassen. Er solle am Nachmittag vorbeikommen, dann könnten wir reden. Ich rechnete überhaupt nicht damit, dass da etwas passieren könnte.

Bereits gegen Mittag stand er vor meiner Tür. Er wollte über den Abend reden, wollte wissen, wieso ich ihn angelogen hätte, warf mir alle möglichen Affären vor. Dabei gab es die nicht, wirklich. Er hatte mir schon während unserer Beziehung immer wieder solche Vorhaltungen gemacht. Ich sei genauso wie seine Ex-Freundinnen. Ich würde genauso wie sie irgendwann fremdgehen und ihm das Geld abziehen. Keine Ahnung, von welchem Geld er da sprach. Wir redeten etwa eine halbe Stunde im Wohnzimmer, dann bat ich ihn wieder, später am Nachmittag vorbeizukommen. Er ging ohne Widerspruch und fuhr zu seinen Eltern.

Ich schlief noch mal eine Runde, dann schrieb ich ihm bei WhatsApp und erkundigte mich, wie es seinem Vater ging. Christian fragte gleich nach einem Treffen. Ich stimmte zu. Es klingelte gegen 18 Uhr. Er stand direkt vor der Wohnungstür, irgendwie war er ins Haus gekommen. Er war angetrunken, das merkte man, aber er behauptete, er habe nur ein, zwei Bier intus. Er war forsch, aufbrausend, ballte die Hände immer wieder zur Faust und tigerte umher. Er wusste offenbar nicht, wohin mit seiner Aggression. Ich zögerte, ließ ihn aber schließlich doch in die Wohnung. Wir gingen in die Küche, ich setzte mich wie immer auf die Fensterbank, um eine zu rauchen. Er legte sofort los, er habe mich gesehen, ich sei am Abend vorher nicht alleine gewesen. Der Streit spitzte sich zu. Ich fühlte mich bedroht, sagte: »Geh bitte, geh.« Als ich die Polizei rufen wollte, nahm er mir das Handy weg. Ich rief um Hilfe, rannte aus der Wohnung und klingelte bei meinem Nachbarn, doch Christian zog mich zurück in die Küche. Ich setzte mich auf die Fensterbank und wir stritten weiter. Dann machte er eine Schublade auf, suchte offenbar nach dem Brotmesser, fand aber nur die Schutzhülle. Er wühlte auf der Anrichte rum, fand es schließlich in der Spüle, und nahm es in die rechte Hand. Mit der linken Hand hielt er mich am Kragen und drückte mich aus dem Fenster. Ich versuchte, mich an seinen Arm zu krallen, schrie um Hilfe, flehte ihn an aufzuhören. Doch er reagierte nicht. »Warum? Warum?«, schrie er und: »Wenn ich dich nicht haben kann, dann auch kein anderer.« Dann ließ er mich fallen.

Ich erinnere mich noch, dass ich während des Falls dachte: ›Das kann nicht sein, er hat es wirklich getan.‹ Dann prallte ich etwa drei Meter weiter unten im Hinterhof mit dem Becken auf dem Steinboden auf. Zum Glück, muss man sagen. Ich hätte auch auf einen Zaun, einen Grill, eine Bank oder die Blumentöpfe der Nachbarn fallen können. Es war dunkel. Ich wollte aufstehen, aber das ging irgendwie nicht. Ich hatte Schmerzen. Gerade hatte ich es geschafft, mich aufzusetzen, da stand Christian vor mir, in der Hand das Messer. Er wollte mich hochziehen, doch das klappte nicht. Ich schrie wieder um Hilfe. Und er? Sagte nichts mehr, beugte sich über mich, packte mich an den Haaren, zog meinen Kopf nach hinten, setzte das Messer an und schnitt mir auf der rechten Seite quer über den Hals. Es ist ein glücklicher Zufall, dass die großen Halsgefäße nicht durchtrennt wurden.

Ich spürte sofort, wie das Blut herausströmte, alles wurde warm. Ich versuchte, die Wunde mit meinem Bademantelkragen zuzudrücken. Er schrie wieder: »Steh auf! Steh auf!« Ich stand tatsächlich auf, lehnte mich an den Zaun. Ich spürte, wie mir schwindelig wurde. Ich guckte in den Himmel, versuchte, meine Augen nicht zuzumachen, und dachte: ›Lieber Gott, lass es nicht vorbei sein.‹ Er versuchte immer wieder, mit dem Messer auf mich einzustechen, doch ich wehrte ihn ab, schrie: »Hör auf, hör auf!« Erst später merkte ich, dass er dabei tief durch meine linke Hand geschnitten hatte.

Auf einmal hörte ich die Stimme eines Nachbarn, der laut sagte: »Lass das! Hast du keine Ehre?« Später erfuhr ich, dass er Christian mit einem Brecheisen auf den Rücken geschlagen hatte, damit er von mir abließ. Ich drückte mit beiden Händen instinktiv die Halswunde ab. Ein Nachbar reichte mir ein Handtuch. Dann war die Polizei plötzlich da, zwei Frauen sagten zu mir: »Alles wird gut. Sie sind jetzt sicher.«

Auf dem Weg ins Krankenhaus war ich weiter bei Bewusstsein, ich weinte und sagte immer wieder: »Ich will zu meinen Kindern!« Ich hatte solche Angst, meine Kinder nicht mehr zu sehen. So eine Angst, dass noch was Schlimmeres passiert. Im OP setzte man mich unter Narkose, ich war weg.

Sechs Tage blieb ich im Krankenhaus. Ich bin seitdem krankgeschrieben. Die Narbe an meinem Hals zwickt, ich habe Schluckbeschwerden. Meine Hand wird auf Dauer nicht mehr richtig funktionieren, weil bei dem Schnitt mehrere Beugesehnen und Beugemuskeln durchtrennt wurden. Ich bin deswegen dreimal die Woche bei der Physio- beziehungsweise Ergotherapie. Bis heute kann ich kein Brot schneiden, Essen zuzubereiten fällt mir schwer. Nach 17 Uhr verlasse ich nicht mehr allein die Wohnung. Ständig drehe ich mich um, weil ich das Gefühl habe, verfolgt zu werden. Ich nehme Antidepressiva, Schlaftabletten und kann trotzdem nicht schlafen, weil ich immer wieder seine Stimme höre.

Manchmal denke ich an die Zeit zurück, in der Christian und ich noch zusammen waren. Ich hätte niemals gedacht, dass unsere Beziehung so enden würde. Er konnte auch ganz anders sein. Wenn wir am Wochenende mit den Kindern unterwegs waren, ist er richtig aufgeblüht. Das rechnete ich ihm hoch an. Leider hat er zwei Persönlichkeiten. Es gab immer wieder Streit, er war grob, aber so etwas hätte ich ihm nicht zugetraut. An dem Abend war er nicht er selbst. Ich habe diesen Menschen geliebt!

Im Nachhinein haben mich zwei seiner Ex-Freundinnen bei Facebook kontaktiert. Sie hatten von dem Prozess gelesen. Offenbar haben sie Ähnliches durchgemacht, auch wenn er bei ihnen nicht so weit gegangen ist. Eine hat sich entschuldigt, dass sie es nicht verhindern konnte, und angeboten, mich beim Prozess zu begleiten. Ich habe das abgelehnt. Aber so habe ich erfahren, dass er sogar schon wegen Vergewaltigung und Körperverletzung verurteilt worden war, nachdem seine Ex-Freundin ihn angezeigt hatte. Mir hatte er das verschwiegen und nur erzählt, es habe da mal eine Anzeige gegeben, weil zwei Frauen sich gegen ihn verschworen hätten. Er sprach von einer abgekarteten Sache. Das Urteil und die Haftstrafe erwähnte er nicht.

Ich bin 39, wohne in Rostock und habe drei Kinder. 20 Jahre alt, neun und sieben. Der Älteste wohnt allein, die beiden anderen bei ihrem Vater. Alle zwei Wochen verbringen sie das Wochenende bei mir. Wir haben das gemeinsame Sorgerecht und haben uns auf diese Regelung geeinigt.

Im Februar 2019 lief ich Christian zum ersten Mal über den Weg, ich kannte ihn vom Sehen, er war vor langer Zeit mal mit einer Bekannten von mir zusammen gewesen. Damals wohnte ich kurzfristig bei meiner Tante, hatte aber gerade eine neue Wohnung gefunden. Wir kamen ins Gespräch, gingen Kaffee trinken, ein paar Tage später trafen wir uns zum Abendessen. Ich habe gleich die erste Nacht bei ihm verbracht, es war schön. Er fragte relativ schnell, ob wir nicht zusammenziehen sollten, aber ich war dagegen. Ich mochte ihn, wollte aber nicht mehr mit meinem Partner zusammenleben, ich war zu oft enttäuscht worden. Er gab den Versorger, wollte von Anfang an ganz viel bestimmen. Und er machte mir immer wieder Geschenke. Wenn er sah, dass ich in der neuen Wohnung etwas brauchte, einen Staubsauger zum Beispiel, kaufte er es mir einfach. Ich war zunächst skeptisch, sagte: »Erst schenkst du mir was und dann hältst du es mir vor.« Die Geschichten von seinen Ex-Freundinnen, die ihn angeblich nur ausgenutzt hatten, kannte ich ja. Aber er insistierte, die Geschenke seien auch von seinen Eltern. Zunächst ignorierte ich diese ersten Anzeichen von Manipulation und Kontrollsucht in Christians Verhalten. Meine Kinder mochten ihn. Die gemeinsamen Wochenenden waren schön.

Eifersüchtig war er von Anfang an, aber es wurde immer schlimmer. Wenn ich mich mit einer Freundin traf, dachte er, ich würde ihn betrügen. Während ich weg war, schrieb er ständig Nachrichten, rief mit Videofunktion an, um zu sehen, wo ich war. Handgreiflich wurde er nur, wenn er trank. Aber wenn er trank, ging es schnell, vier bis sechs Flaschen Bier in kurzer Zeit. Bei einer Ü30-Party schubste er mich, sobald mir ein Mann zu nahe kam. Wenn wir in meiner Stammkneipe waren, konnte er es nicht ertragen, wenn ich mit anderen Männern sprach. Immer bestand er darauf, dass ich ihn sofort als meinen Mann vorstellte, »mein Freund« reichte ihm nicht aus. Und auf dem Heimweg machte er mir dann eine Szene.

Zwei Mal musste die Polizei einschreiten. Besonders schlimm war es eines Abends im Oktober 2019. Wir waren zusammen in einer Kneipe Dart spielen gewesen und gerade auf dem Heimweg. Er machte mir Vorwürfe, sagte, ich würde mich anderen Männern anbiedern. Er wurde immer wütender, schubste mich rum, packte mich hart am Arm und drückte mich an die Hauswand. Dabei schrie er und sprach mich aus unerfindlichen Gründen mit meinem Nachnamen an: »Ja, K., gib's doch endlich zu! K., du Fotze! Du bist eine Schlampe! K. schafft an für Geld!« Irgendwer in der Straße musste ihn gehört haben und rief die Polizei. Als die Polizei eintraf, fragte eine Beamtin mich: »Wissen Sie, wer Herr B. ist?« Ich verstand nicht, was sie meinte, und ignorierte die Frage. Dann nahmen sie ihn mit und ich konnte nach Hause. Mehr hat die Polizistin nicht zu mir gesagt, ich verstehe nicht, wieso. Ich wünschte, Sie hätte mich damals schon gewarnt. Sie wusste von all seinen Vorstrafen, wusste, dass er auch frühere Partnerinnen terrorisiert hatte. Ist es nicht die Aufgabe der Polizei, uns zu schützen?

Ein anderes Mal packte Christian mich mitten auf der Straße wieder so grob und beschimpfte mich. Ich sei nicht ehrlich zu ihm. Passanten riefen die Polizei. Für mich waren das eher kleinere Übel. Das Positive überwog.

Am 6. Dezember 2019 fragte er mich, ob ich ihn heiraten möchte. Auf dem Weihnachtsmarkt, wo ich arbeitete. Vor allen. Was hätte ich sagen sollen? Natürlich Ja. Aber gefühlt habe ich es nicht. Christian ahnte nichts, er freute sich und schickte sofort Videos des Antrags an seine Freunde und Familie.

Deshalb hat es ihn sicher besonders hart getroffen, als ich mich Ende Januar von ihm trennte. Ich schrieb ihm eine Nachricht bei WhatsApp, sagte ihm, dass ich sein ständiges Auflauern, Beobachten, seine Anrufe und Nachrichten nicht mehr aushielt. Er behauptete, er würde sich ändern, wollte eine Therapie machen, um unsere Beziehung zu retten. Aber ich glaubte ihm nicht. Er wollte das Aus nicht akzeptieren, fragte immer wieder, ob ich einen Neuen hätte. Und er machte sich weiter Hoffnungen. Einmal schrieb ich ihm, er solle loslassen und nicht festhalten an etwas, was nicht mehr da ist.

Kontakt zu ihm hielt ich auch aus Angst. Ich bot ihm an, befreundet zu bleiben. Ein- oder zweimal verbrachten wir tatsächlich die Wochenenden zusammen, wenn die Kinder da waren. Ich wollte nicht, dass sie Fragen stellten. Gleichzeitig bestand ich darauf, dass jeder bei sich zu Hause schlief. Er sollte mich nicht weiter kontrollieren.

Das klappte aber nicht, es wurde eher schlimmer. Er begann, mich richtig zu stalken. Ob er mich per Handy ortete, weiß ich nicht, es fühlte sich auf jeden Fall so an. Als ich eines Abends einen guten Freund in einer Kneipe traf, dauerte es keine 15 Minuten, bis Christian hinter mir stand. Von Freunden weiß ich, dass er auch an anderen Abenden in meinen Stammkneipen auftauchte, wenn ich nicht da war.

Eines Tages wartete er im Waschraum meines Hauses auf mich. Ich entdeckte ihn, als ich die Wäsche nach unten brachte. Ich sagte nur: »Das ist jetzt nicht dein Ernst.« Und er? Er sagte nichts, sondern ging nur wortlos. Richtig gruselig wurde es am 20. Februar 2020. Ich war zu Hause, hatte aber kein Licht an, als ich merkte, dass jemand vom Hausflur aus mit einem Handy in die Wohnung leuchtete. Kurze Zeit später leuchtete jemand von draußen durch ein Fenster in meine Wohnung hinein. Ich versteckte mich, erkannte Christian aber. Dann versuchte er, ein anderes Fenster, das ich für gewöhnlich nur anlehnte, von draußen zu öffnen. Ich schloss es schnell und rief meinen Bruder an, der die Polizei verständigte. Ich hatte solche Angst vor Christian. Die Beamten kamen, glaubten mir, griffen Christian kurze Zeit später auf und verwiesen ihn offiziell des Ortes. Er durfte sich mir sieben Tage nicht nähern. Aber eine Woche geht schnell vorbei und offensichtlich beeindruckte ihn der Zwischenfall nicht. Zehn Tage später versuchte er mich umzubringen.

Etwa ein halbes Jahr später, bei seiner Verhandlung im August 2020, sagte ich mehr als zwei Stunden lang vor Gericht aus. Christian schaute mich nicht einmal an, sondern starrte die ganze Zeit nur vor sich auf den Tisch. Es war sehr anstrengend, manchmal verstand ich die Fragen des Richters nicht oder konnte ihm nicht antworten. In diesen Momenten fühlte es sich an, als hätte ich einen Blackout.

Der Richter fragte mich auch nach all den Sachen, die Christian zu Protokoll gegeben hatte. Er hatte am selben Tag seinen Anwalt seine Sicht der Dinge verlesen lassen. Er habe nie beabsichtigt, mich zu töten oder zu verletzen. Sein Verhalten bereue er zutiefst. Über mich sagte er, ich hätte ein ausschweifendes Partyleben geführt, ich könne nicht mit Geld umgehen. Das stimmt aber nicht. Laut Christian hätten wir am Abend des 1. März 2020 zusammen Alkohol getrunken und uns am Fenster gestritten. Er habe mich zwar mit dem Brotmesser bedroht, aber nie verletzen wollen. Er behauptete, ich sei aus dem Fenster gefallen, als ich nach ihm getreten habe. Unten habe er mir auch nur helfen wollen, die Schnittverletzungen am Hals und an der Hand seien ein Versehen gewesen. Er habe in der Aufregung gar nicht gemerkt, dass er das Messer noch in der Hand gehalten habe. Das ist natürlich vollkommener Quatsch. Ich habe aber den Eindruck, dass auch der Richter ihm nicht geglaubt hat.

Ich hoffe, dass Christian eine gerechte Strafe für das bekommen wird, was er mir angetan hat. Er hat mir zwei Briefe aus dem Gefängnis geschrieben. Im ersten hat er sich noch nach meiner Gesundheit und meinen Kindern erkundigt. Im zweiten drohte er mir, er werde immer eine Rolle in meinem Leben spielen, vom Kopf bis zum Herzen und auch gedanklich. Dieser Brief hat mich richtig wütend gemacht, schließlich will ich ihn und das, was geschehen ist, vergessen. Wenn, dann soll er sich daran erinnern. Und endlich bereuen, was er getan hat. Das habe ich ihm im Gerichtssaal gesagt. Während meiner Aussage habe ich mich irgendwann zu ihm gedreht und gesagt: »Du wirst dich an mich erinnern im Gefängnis. An jedem verdammten Tag, Christian!« Er hat darauf nicht reagiert. Aber mir ging es danach zumindest besser, ich war ruhiger.

Seit meiner Aussage schlafe ich endlich wieder besser. Aber ich habe weiterhin Angst, dass es noch nicht vorbei ist. In meiner Stammkneipe haben wohl letztens drei Männer nach mir gefragt. Ich war zum Glück nicht da, sie sahen angeblich echt gruselig aus. Und als ich einmal mit meinen Dartmädels am Wochenende weg war – eine absolute Ausnahme –, wusste Christians Anwalt drei Tage später schon davon und erwähnte es vor Gericht. Ich darf ausgehen, wann ich möchte. Das ändert nichts an dem, was Christian mir angetan hat, aber es ist sehr beunruhigend, dass mich offenbar Leute beobachten und Christian davon erzählen. Ich habe mir den Kopf darüber zerbrochen, ob an dem Abend jemand von seinen Leuten da war, mir ist niemand aufgefallen.

Ich wohne immer noch in der Wohnung, in der alles passiert ist. Da liegen auch noch persönliche Sachen von Christian. Ich hätte zu meiner Tante ziehen können, aber ich wollte nach Hause. Auf Dauer tut mir das sicher nicht gut, ich werde früher oder später umziehen. Bisher habe ich es einfach nicht geschafft.

Kapitel 1

Femizide: Die meisten Taten folgen einem Muster

Um zu verstehen, wie akut das Problem der Femizide ist, lohnt ein Blick auf die weltweiten Zahlen zu Tötungsdelikten. Dabei muss man zunächst eine Einschränkung machen: Männer werden insgesamt viel häufiger getötet als Frauen. Im Jahr 2017 waren rund acht von zehn Opfern weltweit männlich. Das belegen Zahlen einer weltweiten Studie über Tötungsdelikte, die im Jahr 2019 vom UN-Büro für Drogen- und Verbrechensbekämpfung (UNODC) veröffentlicht wurde. Gleichzeitig sind auch die Täter in den meisten Fällen männlich, rund neun von zehn Verdächtigen bei Mordfällen waren laut UNODC-Studien aus den Jahren 2014, 2015 und 2016 Männer.

Betrachtet man aber nur die Tötungen innerhalb von Partnerschaften, ändert sich das Verhältnis drastisch. Wer wird von seinem (Ex-)Partner oder von Familienmitgliedern umgebracht? In rund acht von zehn Fällen sind es Frauen. Das heißt, während Männer eher von Fremden oder Menschen außerhalb der Familie getötet werden, kennen die meisten Frauen ihren Mörder näher. In mehr als der Hälfte aller Frauenmorde weltweit ist der Täter der (Ex-)Partner oder ein Familienmitglied. Das geht aus der UNODC-Studie hervor. Laut einer Studie von Forscher:innen der London School of Hygiene and Tropical Medicine aus dem Jahr 2013, veröffentlicht in dem renommierten Wissenschaftsmagazin »The Lancet«, ist bei mehr als einem Drittel aller getöteten Frauen weltweit der Täter gleichzeitig der Intimpartner. Das heißt: Mehr als ein Drittel aller Frauentötungen sind Intimizide, Femizide innerhalb der Partnerschaft.

In absoluten Zahlen kamen die meisten Femizidopfer laut UNODC-Studie 2017 aus Asien (20 000); vor Afrika (19 000), Amerika (8000), Europa (3000) und Ozeanien (300). Berücksichtigt man allerdings die Tatsache, dass in Afrika viel weniger Menschen leben als in Asien, muss man konstatieren: In Afrika läuft man als Frau noch eher Gefahr, von einem Intimpartner oder einem Familienmitglied getötet zu werden als irgendwo sonst auf der Welt. Unabhängig vom Wohnort gilt der Studie zufolge: »Ihr Zuhause bleibt für Frauen der gefährlichste Ort.«

Auch deutschen Behörden sind Femizide nicht fremd, sie werden hierzulande nur nicht so bezeichnet, sondern häufig als Partner- oder Trennungstötungen erfasst. Diese Begriffe sind problematisch, weil sie eine entscheidende Dimension verschleiern: nämlich dass diejenigen, die bei diesen Tötungsdelikten sterben, in aller Regel Frauen sind. In Zahlen bedeutet das: 2019 wurden 301 Frauen in Deutschland Opfer eines Mord- oder Totschlagversuches durch ihren Ex-Partner, 111 von ihnen starben. Sechs weitere wurden Opfer einer Körperverletzung mit Todesfolge. 2018 waren es 122 Frauen, die durch die Gewalt ihrer Ex-Partner starben, im Jahr 2017 waren es 147. Das heißt, dass jeden Tag ein Mann hierzulande versucht, seine (Ex-)Partnerin umzubringen. An jedem dritten Tag gelingt ihm das. Einige Täter waren Deutsche, andere nicht. Einige waren Akademiker, einige wohlhabend, andere lebten in prekären Lebensumständen, hatten keinen Schulabschluss, waren arbeitslos.

Diese Zahlen stammen aus der Polizeilichen Kriminalstatistik (PKS), die die Summe der Tötungen aus den Daten aller 16 Landeskriminalämter (LKA) abbildet. Nicht alle dieser

Tötungen sind zwangsläufig Femizide. Um das zu bestimmen, müsste man mehr über die Tatmotive, über die Vorgeschichte der Opfer und Täter oder über den Tathergang selbst wissen. Das heißt: Je mehr Informationen die Behörden sammeln, desto aussagekräftiger wären die Femizidzahlen.

Unsere Anfrage bei allen LKAs ergab, dass die Daten nicht alle nach dem gleichen Muster erhoben werden, in einigen Bundesländern kann man daher wenig Aussagen über Femizide treffen. Lediglich aus den Antworten der LKAs in Bayern und Brandenburg wird eindeutig ersichtlich, wie viele Frauen und wie viele Männer jeweils von ihren (Ex-)Partner:innen getötet wurden und damit auch, wie viele Femizide es gab. In Bayern waren es 2019 insgesamt 14 Fälle, in Brandenburg vier. In Niedersachsen stellte die Landtagsfraktion der Partei BÜNDNIS 90/DIE GRÜNEN 2018 eine Anfrage zum Thema Femizide und bekam die Antwort, die Polizei habe in sieben Fällen wegen Verdachts auf einen Femizid ermittelt. Über die Zahlen in den Jahren davor oder danach gibt es keine Auskunft.

Informationen darüber, ob es im Vorfeld eines Tötungsdeliktes schon Ermittlungsverfahren wegen häuslicher Gewalt gab, erhebt nur ein Bundesland, Sachsen-Anhalt. Alle anderen Bundesländer tun das nicht oder geben mit Verweis auf »personenbezogene Daten« keine Auskunft. Dabei müsste man, wenn man den Namen des Tatverdächtigen kennt, die Informationen nur zusammenführen und könnte dadurch wertvolles Wissen generieren. Dass dies nicht geschieht, ist mehr als verwunderlich, sollte den Ermittlungsbehörden doch daran gelegen sein, möglichst viele Informationen zu sammeln, um so Muster zu erkennen und möglicherweise Taten zu verhindern.

Genauere Daten oder Studien über Femizide in Deutschland gibt es bislang nicht. Die Sozialwissenschaftlerin Monika Schröttle will das ändern. Sie leitet den Forschungsbereich

»Gender, Behinderung, Menschenrechte und Gewalt« an der Universität Erlangen-Nürnberg und befasst sich seit Jahrzehnten mit den Themen Femizide und häusliche Gewalt. In einem internationalen Projekt sammelt sie gemeinsam mit Kolleginnen Daten über alle Femizide in mehreren europäischen Ländern aus den Jahren 2018, 2019 und 2020. Als Basis nutzen die Forscherinnen Presseveröffentlichungen und Polizeimeldungen, später werden die Daten um die Informationen des BKA und aus den Gerichtsverfahren ergänzt. So entsteht gerade eine umfangreiche europäische Femizid-Datenbank, der sogenannte European Observatory on Femicide, die im Hinblick auf verbesserte Prävention weiter ausgewertet wird.

Die Opfer

Grundsätzlich kann jede Frau Opfer eines Femizids werden. Denn es ist ja der Mann, der entscheidet, seine (Ex-)Partnerin zu töten. Die Persönlichkeit der Frau spielt dabei keine Rolle. Die Tat wird nicht wahrscheinlicher oder unwahrscheinlicher, weil eine Frau bestimmte Charaktereigenschaften hat. Das macht es schwierig, allgemeingültige Aussagen über Femizidopfer zu treffen. Deshalb zeigen die Protokolle in diesem Buch exemplarisch, wer die Opfer sind. Strukturelle Aussagen kann man nur über Umwege treffen: Unter den insgesamt 301 Frauen, deren (Ex-)Partner 2019 versuchten, sie umzubringen, gab es bestimmt auch solche, die vorher nie Gewalt in der Beziehung erlebt hatten; ein Großteil aber schon. Das zumindest legen diverse Studien nahe, die sich mit Femiziden beschäftigen.

Wenn den meisten Femiziden Gewalt in der Beziehung vorausging, ist der Femizid im Grunde nur die maximale Eskalation der Gewalt. Wer aber erlebt häusliche Gewalt? Wie viele Frauen in Deutschland tatsächlich betroffen sind, ist unbekannt. Nur ein Bruchteil erstattet Anzeige bei der Polizei und wird dann in der PKS gezählt. Das waren 2019 immerhin 114 903 Vorfälle. Die Dunkelziffer ist jedoch um ein Vielfaches höher. Wie hoch, das versuchte zuletzt 2004 eine repräsentative Studie zu ergründen. Dafür befragten die Sozialwissenschaftlerinnen Monika Schröttle und Ursula Müller im Auftrag des Bundesministeriums für Familien, Senioren, Frauen und Jugend (BMFSFJ) 10 000 Frauen zwischen 16 und 85 zu ihren Gewalterfahrungen. Das Ergebnis: Jede vierte Frau erlebte mindestens einmal im Leben körperliche und/oder sexuelle Gewalt durch einen aktuellen oder früheren Partner. Die Gewalt reichte von Schubsen und einmaligem Schlagen bis zu Tritten, Würgen und Verletzungen mit Waffen. Sechs Prozent der befragten Frauen wurden systematisch misshandelt, erlebten also regelmäßig körperliche, sexuelle und/oder psychische Gewalt. Nur 13 Prozent dieser Frauen sagten, die Polizei sei deshalb schon einmal eingeschaltet worden. Die überwiegende Mehrheit erduldete also die regelmäßige Gewalt zu Hause – und keine Behörde wusste davon.

Immer wieder wurde in den vergangenen Jahren die Frage nach der Herkunft der Opfer häuslicher Gewalt gestellt. In Teilen der Bevölkerung herrscht das Vorurteil vor, dass Frauen nichtdeutscher Herkunft – vor allem solche aus muslimischen Familien – eher häusliche Gewalt erleben. Diese Pauschalisierung ist aber empirisch nicht haltbar. So etwas wie »das typische Opfer« gibt es laut Schröttle nicht. »Das hätten manche gerne, weil sie das Thema dann in eine Ecke schieben und sagen könnten: ›So was könnte mir nie passieren.‹« Ihr zufolge landen – und bleiben – diejenigen Frauen häufiger in einer Gewaltbeziehung, die schon als Kind Gewalt in der Familie gegen sich oder zwischen den Eltern erlebt hätten. Ihnen falle es unter Umständen als Erwachsene schwerer, Grenzen zu ziehen. Schröttle hat die BMFSFJ-Daten mit unterschiedlichen Schwerpunkten ausgewertet und Studien zu Teilgruppen durchgeführt. Dabei stellte sie fest, dass Prostituierte, obdachlose Frauen, weibliche Flüchtlinge und Frauen mit Behinderungen besonders häufig Gewalt durch ihren Partner erlebten. Außerdem seien Frauen mit Migrationsgeschichte vergleichsweise häufiger und in schwererem Maße von Gewalt durch aktuelle Partner betroffen. Schröttle bezeichnet das als »graduellen, nicht prinzipiellen« Unterschied. Habe eine Frau keine Gewalt in der Herkunftsfamilie erlebt, sei es unerheblich, ob sie deutschland-, türkei- oder russischstämmig sei – das Risiko, Gewalt durch einen Partner zu erfahren, sei dann gleich groß.

Aber längst nicht jede Frau, die von ihrem Partner geschlagen oder terrorisiert wird, läuft Gefahr, irgendwann von ihm getötet zu werden. Das ist zum Glück nur ein kleiner Bruchteil. In solchen Fällen sind in der Regel weitere Risikofaktoren gegeben und das Verhalten des Täters folgt häufig einer bestimmten Dynamik. Dennoch ist das Risiko für Betroffene häuslicher Gewalt höher. Schröttle findet, deshalb müsste in jedem einzelnen Fall alles getan werden, um die Gewalt in einer Beziehung zu beenden. »Extremismus ist auch schlimm, aber im Vergleich zu den vielen jährlichen Opfern durch Femizide müsste das Innenministerium das Thema ganz oben auf die Prioritätenliste setzen.«

Risikofaktoren

Um Femizide verhindern zu können, muss man zuerst verstehen, welche Voraussetzungen oder Umstände gegeben sein müssen, damit ein Mann seine (Ex-)Partnerin tötet. Gewaltforscherinnen wie Jacquelyn C. Campbell und Chelsea Spencer haben sogenannte Risikofaktoren für Femizide definiert. Beide bestätigten frühere Studien, denen zufolge häusliche Gewalt in einer Beziehung der größte Risikofaktor für einen Femizid ist.

Weitere Risikofaktoren sind demnach ein kontrollierendes Verhalten des Täters, Drohungen, Stalking, Vergewaltigung oder wenn er das Opfer bei früheren Vorfällen gewürgt hat. Außerdem spielt Arbeitslosigkeit eine Rolle, Männer mit festem Job wurden seltener zu Femizidtätern. Ob das daran liegt, dass Menschen mit finanziellen Sorgen mehr unter Stress stehen, wurde nicht näher untersucht. Frauen scheinen besonders gefährdet, wenn der Täter sie sogar während der Schwangerschaft schlägt, wenn sie Drogen konsumieren, keinen Schulabschluss haben, getrennt vom Täter leben und Kinder aus einer früheren Beziehung haben, der Täter also nicht der leibliche Vater ist. Das Risiko für einen Femizid steigt, wenn die Frau die Beziehung für einen anderen Partner beendet.

Gleichzeitig zeigt eine 2003 veröffentlichte Studie von Christina Nicolaidis und anderen, dass viele Frauen sich der Gefahr überhaupt nicht bewusst sind. Die Forscher:innen interviewten 30 US-Amerikanerinnen, die einen Femizidversuch überlebt hatten. Etwa die Hälfte hatte vor der Tat keine Ahnung, dass sie in Lebensgefahr schwebte. Die Frauen beschäftigten sich mit anderen Problemen in der Beziehung – Geld, Alkohol, Drogen, Untreue oder besitzergreifendes Verhalten ihrer Partner, aber nicht mit der Gewalt als solcher. In 22 von 30 Fällen kam es zur Tat, als eine Trennung im Raum stand. Die Gewalt des Partners war allerdings in der Regel nicht der Trennungsgrund.

Nicht alle Expert:innen sind sich einig, dass häusliche Gewalt der entscheidende Risikofaktor ist. Die britische Kriminologin Jane Monckton Smith gilt als Koryphäe in der Femizidforschung, sie arbeitet an der Universität Gloucestershire im Südwesten Englands zu den Themen Stalking, Partnerschaftsgewalt und Femiziden. Sie kritisiert den großen Stellenwert, den viele Studien häuslicher Gewalt beimessen, und hat ein Stufenmodell entwickelt, um die Dynamik bis zu einem Femizid zu analysieren.

Dafür hat sie bei 372 Femiziden in Großbritannien die Vorgeschichte der Beziehung untersucht und ist zu zwei interessanten Ergebnissen gelangt. Erstens handelte es sich in den meisten Fällen nicht um eine spontane Tat. In einem Interview mit dem SPIEGEL sagte Monckton Smith dazu: »Mich hat schockiert zu sehen, wie gezielt Täter vorgegangen sind. Allzu oft werden Femizide als spontan interpretiert, als sogenanntes Verbrechen aus Leidenschaft. Meine Forschung hat das Gegenteil gezeigt: In der Mehrheit der Fälle wurde mit erheblichem Aufwand reflektiert, geplant und entschlossen gehandelt.«

Zweitens hat sie acht Stufen identifiziert, die eine Beziehung durchläuft, bevor der Mann seine (Ex-)Partnerin tötet. Allen Fällen gemein war nicht etwa die vorangegangene Gewalt, sondern ein kontrollierendes Verhalten des Täters: Er wollte Kontrolle über die Frau und die Beziehung. Hinweise darauf, dass ein bestimmter Frauentypus gefährdet ist, gab es keine. »Es kann jede treffen«, sagte Monckton Smith in demselben Interview.

Das Stufenmodell von Monckton Smith sieht so aus:

1. **Vor der Beziehung:** Viele Täter waren schon in früheren Beziehungen durch kontrollierendes Verhalten, häusliche Gewalt oder Stalking aufgefallen. Die späteren Opfer wussten häufig davon, glaubten aber den Erzählungen der ehemaligen Partnerinnen nicht immer.

2. **Frühe Beziehung:** Gleich am Anfang der Beziehung forderten die Täter von ihren Partnerinnen ein hohes Commitment. Täter machten schnell Liebeserklärungen und verwendeten besitzergreifende Formulierungen wie: »Du bist mein« oder »Wir werden für immer zusammen sein«. Wenn die Frau die Beziehung einmal eingegangen war, konnte sie aus Sicht des Partners ihr Einverständnis nicht wieder zurückziehen.

3. **Beziehung:** In allen untersuchten Beziehungen wurden einige der bereits erwähnten Risikofaktoren entdeckt. Mal waren die Täter gewalttätig, mal stalkten und überwachten sie ihre Partnerin, mal glaubten sie ständig, ihre Partnerin sei untreu – auch wenn es keinerlei Anzeichen dafür gab. Kontrollierendes Verhalten zeigten alle Täter. Viele Frauen gaben den Forderungen ihrer Partner nach und passten ihren Alltag an, weil es »den Ärger nicht wert war«. In den untersuchten Fällen blieben die Beziehungen ganz unterschiedlich lange auf dieser Stufe, zwischen ein paar Wochen und 50 Jahren.

4. **Trigger:** Wenn sich eine Frau trennte oder zurückzog, wurde das später von den Partnern als Grund für die Tötung angeführt. Dabei war es unerheblich, ob die Trennung real, eingebildet oder nur angedroht war.

5. **Eskalation:** In dieser Phase wurde die Gewalt, die Kontrolle oder das Stalking häufiger und massiver. Außerdem bettelten oder weinten die Täter, drohten mit Gewalt oder Suizid – und versuchten so, die Kontrolle über die Frau wiederherzustellen. Einige Täter erzählten Freunden, dass sie ihre Partnerin stalkten. Laut Monckton Smith kann es an diesem Punkt für das soziale Umfeld besonders wirksam sein einzuschreiten. Täter könnten sich durch derartige Interventionen weniger berechtigt fühlen, weiter so zu handeln.

6. **Sinneswandel:** Der Sinneswandel kam am Ende einer Phase der Eskalation, wenn der Täter glaubte, die Kontrolle über die Frau für immer verloren zu haben. Ermittlungen ergaben, dass viele Täter an einem bestimmten Punkt eine überlegte Entscheidung getroffen

hatten zu töten. Allerdings waren die Erwägungen und Entscheidungen dynamisch, mal wurden sie widerrufen, mal wurden sie abhängig davon gemacht, ob sich die Gelegenheit bot oder nicht. Nicht jede Überlegung führte tatsächlich zu einer Tötung, aber das Risiko für die Frau stieg.

7. **Planung:** Im Nachhinein wurden bei vielen Taten Indizien für eine Planung gefunden. Manchmal wurden Gelegenheiten geschaffen, um die Tötung umzusetzen. Es wurden etwa bestimmte Tötungsmethoden gegoogelt; versucht, das Opfer zu isolieren, oder Waffen gekauft. Diese Phase dauerte zwischen ein paar Stunden und mehreren Monaten.

8. **Tötung:** Die Art der Tötung variierte. Mal tötete der Mann auch die Kinder, mal die, die versuchten, die Tat zu verhindern, mal sich selbst. Manche Täter verschleierten die Tat, andere gestanden sofort. Einige Taten fanden in der Öffentlichkeit statt, häufiger war die Wohnung oder die Arbeit des Opfers Tatort. Aber in allen Fällen hatte der Täter die vorherigen sieben Stufen durchlaufen.

Mit ihrem Modell zeigt Monckton Smith, dass viele Femizide passieren, weil der Täter seinen Kontrollverlust nicht erträgt. Das sei beobachtbar und damit vorhersehbar. Eine wichtige Erkenntnis, denn wenn etwas vorhersehbar ist, gibt es Möglichkeiten, es zu verhindern. Ab Stufe 3 (Beziehung), wenn die Frau sich fest auf die Beziehung eingelassen hat, ist es der Kriminalistin zufolge sehr schwierig, manchmal sogar gefährlich, sich zu trennen. Gibt es einen Trigger (Stufe 4) und eskaliert das kontrollierende Verhalten des Partners (Stufe 5), sind das eindeutige Hinweise auf eine erhöhte Gefahr für eine Tötung.

Gerade in Beziehungen, in denen der Mann schon vorher massiv gewalttätig gegen seine Partnerin war, können zwischen Sinneswandel (Stufe 6) und Tat (Stufe 8) nur wenige Stunden vergehen. Das macht das Eingreifen von Außenstehenden fast unmöglich. In den meisten Fällen, fand Monckton Smith heraus, dauert diese Phase jedoch länger; ein bis zwei Monate hätten Behörden oder das soziale Umfeld Zeit gehabt, einzuschreiten.

»Absoluter Vernichtungswille«

Es lohnt sich, Monckton Smiths Modell zum besseren Verständnis auf einen konkreten Fall anzuwenden. Leider ist bei vielen Femiziden gar nicht bekannt, wie der Partner sich davor in der Beziehung verhielt. Schlägt ein Mann seine Frau, schämt sich die Partnerin oft für ihren Partner oder dafür, dass sie sich nicht von ihm trennt. Freunde und Familie ahnen häufig nichts. Und wenn die Nachbarn nicht die Polizei rufen, wenn sie Schreie hören, wissen auch die Behörden nichts. Kontrolliert ein Mann seine Frau, wird das Verhalten oft heruntergespielt oder bagatellisiert. Wenn der Mann seine Partnerin dann getötet hat, weiß keiner, wie es dazu kommen konnte. Und selbst wenn es vorher zum Beispiel schon Gewaltschutzanordnungen oder Platzverweise für den Mann gab, findet sich in Gerichtsurteilen häufig nicht viel über die Vorgeschichte der beiden Partner. Es ist dann nur schwer nachzuvollziehen, ob ein Täter tatsächlich alle von Monckton Smith definierten Stufen durchlaufen hat.

Bei Roland B. ist das anders. Er stalkte seine Ex-Freundin Tsin-ieh L. jahrelang massiv, bevor er sie am 16. August 2016 in einem Hauseingang in München erstach. Nach der Tat floh er und wurde erst drei Monate später im November in einer Pilgerherberge in Spanien gefasst. Im schriftlichen Urteil widmet das Landgericht München I der Vorgeschichte der beiden knapp 17 Seiten. Insofern ist der Fall eine Ausnahme, vielleicht auch, weil der Angeklagte zu den Vorwürfen bis zum Schluss schwieg – obwohl es deutliche Beweise wie seine DNA an der Tatwaffe gab, die kaum Zweifel an seiner Täterschaft zuließen. Dennoch musste das Gericht ohne Geständnis oder Einlassung von Roland B. einen erheblich größeren Aufwand betreiben, um ihn zu einer lebenslangen Haftstrafe verurteilen zu können.

Wendet man das Modell von Monckton Smith auf diesen Fall an, sind einige Stufen sofort identifizierbar, andere passen nicht ganz zum Verlauf des Falles. Das ist wenig überraschend, entspricht das Verhalten von Menschen doch selten ganz akkurat einem wissenschaftlichen Modell. Gerade für die ersten Stufen fehlen ausreichende Informationen. Über die Vorgeschichte *(Stufe 1: Vor der Beziehung)* von Roland B., wie er sich in früheren Beziehungen verhalten hat, ist nichts bekannt. Er und Tsin-ieh L. waren beide Ende 30, als sie sich im Herbst 2008 bei der Arbeit in Dublin kennenlernten, wo sie für ein Architekturbüro arbeiteten. Wie lange sie sich kannten, bevor sie eine feste Beziehung eingingen, ist nicht bekannt. Roland B. forderte wohl gleich am Anfang *(Stufe 2: Frühe Beziehung)* ein hohes Maß von Einsatzbereitschaft von seiner Partnerin. Eine Zeugin berichtete im Gerichtsprozess, es sei ihm nicht recht gewesen, wenn Tsin-ieh L. sich mit Freunden treffen wollte. Er habe einmal sinngemäß gesagt: »Was willst du ausgehen, ich bin doch hier. Warum musst du weggehen?«

Die Beziehung *(Stufe 3: Beziehung)* verlief nicht harmonisch, dreimal innerhalb eines Jahres trennte sich Roland B. von Tsin-ieh L. In E-Mails berichtete er Freunden, seine Freundin »nerve«, er habe »die Nase voll« von ihr. Tsin-ieh L. beklagte sich im Nachhinein bei Freund:innen und Bekannten über ihren Ex-Freund. Er habe sie eingeschränkt und bevormundet, sei besitzergreifend gewesen und habe ihr keine Freiräume mehr gelassen. Sie nannte ihn »Kontrollfreak«, der selbst Streit angefangen habe, wenn sie das Geschirr anders in den Schrank eingeräumt habe als von ihm verlangt. Er sei verbal aggressiv gewesen und sehr eifersüchtig, er habe ihr gedroht und ihr vorgeworfen, sie liebe ihn nicht. Einmal habe er sie sogar während eines Streits festgehalten. Wenn Roland B. seine Partnerin auch nicht schlug, so versuchte er doch ganz eindeutig, sie zu kontrollieren. Laut Monckton Smith ein eindeutiger Risikofaktor für einen Femizid.

Aus den genannten Gründen sei die Beziehung in die Brüche gegangen. Tsin-ieh L. trennte sich im August 2009 *(Stufe 4: Trigger)*. Sie erklärte ihm ausführlich die Trennungsgründe, sagte, sie wünsche keinen Kontakt mehr zu ihm, und zog vorübergehend zu einer Freundin. In einer E-Mail legte sie die Gründe noch einmal gründlich dar: die Trennungen, die von ihm ausgegangen waren; seine unberechenbaren und heftigen Launen; die endlosen Diskussionen. Unverzeihlich sei für sie gewesen, dass er ihr bei einem Streit gedroht habe, sie »fertigzumachen«.

Roland B. ging inhaltlich nie auf ihre Erklärungen ein, sondern verlangte ein weiteres klärendes Gespräch. Offenbar sagten ihm auch zwei Bekannte, er müsse den Wunsch seiner Ex-Freundin respektieren. Einer riet ihm sogar eindringlich, sich von ihr fernzuhalten. Damit machten die beiden eigentlich alles richtig. Sie bestärkten den späteren Täter nicht etwa, sondern machten ihm klar, dass sein Verhalten falsch war. Eine Intervention, wie Monckton Smith sie empfiehlt. Nur zeigte diese im Fall von Roland B. keine Wirkung. Stattdessen drängte Roland B. immer weiter auf ein erneutes Gespräch und wurde zu einem exzessiven Stalker *(Phase 5: Eskalation)*. Über Jahre schrieb er Tsin-ieh L. unablässig drängende E-Mails, rief unter ihrer Büronummer an, einmal passte er sie sogar vor dem Büro ab – sie war inzwischen nach München gezogen. Er lauerte ihr auf, verfolgte sie, klingelte nachts immer wieder an der Tür und warf Steinchen an ihr Fenster. Das Stalking sollte bis zur Tat anhalten. Tsin-ieh L. verhielt sich vorbildlich. 2013 suchte sie Rat bei der Opferschutzstelle der Polizei, schrieb ein Stalking-Tagebuch. Dreimal erwirkte sie Gewaltschutzanordnungen, die besagten, dass Roland B. sich ihr nicht nähern durfte. Er verstieß dagegen. Daraufhin zeigte sie ihn wegen Nachstellung an. Ein Gericht verurteilte ihn im Jahr 2014 zu einer Geldstrafe von 90 Tagessätzen zu je 50 Euro. Die Polizei führte dreimal Gefährderansprachen bei Roland B. durch, das letzte Mal am 7. Oktober 2015. Selbst der Arbeitgeber von Tsin-ieh L. beauftragte eine Anwaltskanzlei, um zivilrechtlich gegen ihren Ex-Freund vorzugehen. Doch Roland B. beeindruckten all diese Maßnahmen nicht.

Stattdessen schränkte Tsin-ieh L. ihr Leben immer weiter ein. Sie hängte Plakate im Haus auf, um ihre Nachbar:innen vor ihrem Ex-Freund zu warnen. Manchmal übernachtete sie bei einer Freundin, weil Roland B. sie mit dem Fahrrad verfolgte. Die Wochenenden verbrachte sie oft woanders, um ruhig schlafen zu können. Mehrere Zeug:innen sagten übereinstimmend aus, dass Tsin-ieh L. Angst vor körperlichen Übergriffen gehabt habe. Angst davor, dass ihr Ex-Freund sie umbringen würde.

Wann Roland B. zum ersten Mal auf die Idee kam, seine Ex-Freundin nicht mehr nur zu terrorisieren, sondern zu töten *(Phase 6: Sinneswandel)*, ist nicht bekannt, weil er vor Gericht die Aussage verweigerte. Auf jeden Fall schritt er am Nachmittag des 16. August 2016 zur Tat *(Phase 8: Tötung)*. Dass dem zumindest eine gewisse Planung vorausging, darauf weist schon die Wahl der Tatwaffe hin: ein Messer mit einer Klingenlänge von 11,5 cm, das Roland B. mit sich führte. Außerdem hatte er Einmalhandschuhe, Sekundenkleber, ein Fernglas und zwei verschiedene Plastikkarten zum Öffnen von Türen dabei. Gegen 15.30 Uhr betrat Tsin-ieh L. ihr Wohnhaus und wollte in den Keller, um ihr Fahrrad zu holen. Roland B. hatte sie beobachtet und folgte ihr. Noch im Treppenhaus stach er mindestens 18 Mal auf den Hals- und Brustbereich seiner Ex-Freundin ein. Sie starb innerhalb weniger Minuten an inneren und äußeren Blutungen. Roland B. flüchtete und wurde erst drei Monate später in Spanien geschnappt.

Im November 2017 verurteilte das Landgericht München I ihn wegen Mordes zu lebenslanger Haft. Außerdem stellte es die besondere Schwere der Schuld fest und verwies auf den »absoluten Vernichtungswillen des Angeklagten«. Roland B. kann also nicht nach 15 Jahren auf Bewährung freikommen.

Der Fall schlug in der Region München hohe Wellen, in der Öffentlichkeit und in Medienberichten wurde diskutiert, ob man den Tod von Tsin-ieh L. hätte verhindern können. Wenn alle von dem Stalking wussten, hätte die Polizei dann nicht zu härteren Mitteln greifen können? Der Landtagsabgeordnete Florian von Brunn (SPD) hakte deshalb im Sommer 2018 in einer Schriftlichen Anfrage beim bayerischen Justizministerium nach. Dieses listete in seiner Antwort alle getätigten Maßnahmen auf, die mehrfachen Gefährderansprachen, die Gewaltschutzanordnungen und die Verurteilungen von Roland B. Sowohl Staatsanwalt als auch Justizministerium legten Wert darauf zu betonen, dass es keine Hinweise auf die Gewaltbereitschaft von Roland B. gegeben habe. Tsin-ieh L. habe der Polizei gesagt, sie habe keine »körperliche Angst« vor ihrem Ex-Freund, sie denke nicht, dass er ihr etwas antun wolle. Außerdem habe sie die »verschärfte Stalking-Situation« nicht dargelegt, selbst beim letzten Telefonat mit einem Beamten eine Woche vor der Tat habe nichts auf eine Eskalation oder Gefährdungslage hingedeutet. Ob das so stimmt, ob Tsin-ieh L. ihren Freund:innen und Bekannten tatsächlich erzählte, sie fürchte um ihr Leben, dies gleichzeitig aber der Polizei gegenüber verharmloste, kann sie selbst nicht mehr beantworten.

Das Stufenmodell von Monckton Smith scheint zumindest auf diesen Fall zuzutreffen. Die Geschichte von Roland B. und

Tsin-ieh L. ist auch ein trauriger Beleg dafür, dass tatsächlich jede Frau Opfer eines Femizids werden kann. Tsin-ieh L. trennte sich früh, gab dem kontrollierenden Verhalten ihres Freundes nicht nach. Als das Stalking anfing, suchte sie Hilfe. Sie befolgte alle Ratschläge. Viele potenzielle Täter mag ein Einschreiten der Behörden davon abhalten, sich weiter in eine gescheiterte Beziehung hineinzusteigern. Auf Roland B. traf das nicht zu.

Kapitel 2

Welche Männer zu Tätern werden: Biografische Erfahrung und Besitzansprüche

Es fing mit einem Verkehrsunfall an. Am 12. Januar 2015 gegen 14:30 Uhr fuhr der 29-jährige Tomas N. mit seinem Opel Astra Kombi ziellos durch Lamboy, einen Stadtteil von Hanau. Er hatte viel getrunken, vier Viertelliterflaschen Wodka. Vermutlich prallte er deswegen gegen ein Verkehrsschild am rechten Straßenrand der August-Schärrtner-Straße. Passant:innen riefen einen Krankenwagen, Tomas N. wurde ins Krankenhaus gebracht. Als die Polizei daraufhin die Wohnung des Mannes in der Neuhofstraße überprüfte, fand sie in der Küche die Leiche seiner gleichaltrigen Ehefrau. Olga N. hatte zahlreiche Schnittverletzungen im Oberkörper und am Hals. Einen Tag nach der Tat gestand Tomas N. gegenüber der Polizei und einer Untersuchungsrichterin, seine Ehefrau ermordet zu haben. Im Februar 2019 verurteilte das Landgericht Hanau Tomas N. zu einer lebenslangen Haftstrafe.

Olga und Tomas N. kamen aus derselben Stadt und kannten sich schon seit der Kindheit. Sie waren mit 15 zusammengekommen, hatten mit 23 geheiratet, ein Jahr später hatten sie einen Sohn bekommen. Schon seit seiner Jugend hatte Tomas N. ein Alkoholproblem: Er trank viel und regelmäßig, vor allem Bier und Wodka. Er hatte sich so sehr ans Trinken gewöhnt, dass er auch mit großen Mengen Alkohol im Körper arbeiten oder auf seinen Sohn aufpassen konnte. Es machte ihn aber aggressiv. Bier und Wodka waren nicht die einzigen Probleme in der Beziehung von Olga und Tomas N. Er war überzeugt, dass seine Ehefrau hinter seinem Rücken Schulden machte und Geld für Sachen ausgab, die er nicht gut fand. Auch deswegen wollte er sein Gehalt nicht mit ihr teilen. Um Geld für sich und für ihr Kind zu haben, hatte Olga N. zunächst in einem Fast-Food-Restaurant gejobbt, dann in einem Kindergarten.

Tomas N. war ein Kontrollfreak. Er überwachte seine Ehefrau und war so eifersüchtig, dass er ihr manchmal im Zehn-Minuten-Rhythmus Nachrichten schickte, wenn er nicht bei ihr war. Wenn sie gemeinsam unterwegs waren, überprüfte er die Reaktionen anderer Männer. Ein Lächeln in Richtung seiner Frau reichte ihm, um ihr Affären mit anderen Männern vorzuwerfen. In den Jahren vor der Tat stritten sich die Eheleute deswegen regelmäßig. Fünf Monate vor dem Femizid, im Oktober 2014, schlug Tomas N. seine Frau zum ersten Mal. Sie hatte sich bei ihrem Schwager über den Alkoholkonsum ihres Mannes beklagt. Als der das erfuhr, schlug er ihr ein blaues Auge.

Im November erfuhr Tomas N., dass seine Ehefrau ihn angelogen hatte. Sie hatte ihren Job im Kindergarten aufgegeben, ihm aber von einer neuen Arbeitsstelle in einem anderen Kindergarten erzählt, um sich nicht wegen des Geldes mit ihm streiten zu müssen. Jetzt kam es doch heraus, genauso wie die Tatsache, dass Olga N. und ihre Schwester zusammen ein Darlehen in Höhe von 3000 Euro für ihre Eltern aufgenommen hatten.

Die ständigen Streitereien, die Kontrollen, der tätliche Angriff – die Ehe der beiden bröckelte. Tomas N. und Olga N. einigten sich darauf, sich scheiden zu lassen. Es sieht so aus, als wäre die Entscheidung von Olga N. ausgegangen. Tomas N. erzählte seinem Bruder, dass er die Scheidung eigentlich nicht wolle. Er liebe seine Frau über alles und versuche, sich mit ihr zu versöhnen. Doch Olga N. zog mit ihrem Sohn in die Wohnung ihrer Schwester. Im Dezember 2014 reichte sie die Scheidungsunterlagen ein. Wegen des gemeinsamen Kindes hielten Tomas und Olga N. aber weiterhin Kontakt. Manchmal verbrachte Olga N. Zeit in der Wohnung ihres Ehemannes, putzte oder kochte sogar für ihn.

Für Heiligabend 2014 hatten sich Tomas und Olga N. verabredet. Sie wollten, dass ihr Kind Weihnachten mit beiden Eltern feiert. Dafür wollte Tomas N. Olga N. und den gemeinsamen Sohn von der Wohnung seiner Schwägerin abholen. Doch er hatte so viel getrunken, dass er statt mit dem Auto mit einem Taxi ankam. Olga N.s Schwester versuchte noch, sie zu überzeugen, nicht mit dem Mann wegzugehen, doch Olga N. wollte ihren kleinen Sohn nicht alleine bei seinem betrunkenen Vater lassen. Also fuhr sie mit ihm mit. Später stritten sich Tomas und Olga N. so heftig, dass eine Nachbarin die Polizei rief. Während des Streits schlug Tomas N. Olga N. ins Gesicht. Ein Krankenwagen fuhr die verletzte Frau ins Krankenhaus, Tomas N. ging freiwillig mit der Polizei auf die Dienststelle. Dort bekam er einen Platzverweis und durfte die gemeinsame Wohnung zwei Wochen lang nicht mehr betreten.

Rund drei Wochen später, am 12. Januar 2015, wachte Tomas N. früh auf. Er musste zur Frühschicht in die Firma zur Papierherstellung, in der er arbeitete. Als er sich anzog, fand er im Kleiderschrank ein paar Männerunterhosen. Er war überzeugt, dass diese einem anderen Mann gehörten. Er fotografierte sie, sie waren für ihn der Beweis, dass seine Ehefrau ihn betrog. Während der Fahrt zur Arbeit trank er drei kleine Flaschen Wodka, solche, die in Supermärkten an der Kasse verkauft werden. Als er bei der Arbeit ankam, fiel seinem Produktionsleiter sofort auf, wie betrunken er war.

Nach der Arbeit fuhr Tomas N. nach Hause. Er hatte sich per SMS mit Olga N. zum gemeinsamen Mittagessen in der

Wohnung verabredet. Eigentlich hatte sie an dem Tag geplant, vor dem Familiengericht aufzutreten und eine einstweilige Verfügung gegen Tomas N. zu erwirken. Wieso sie nicht hinging, ist unklar. Stattdessen kochte sie für ihn.

Um 14 Uhr betrat Tomas N. die Wohnung und ging wortlos ins Wohnzimmer. Er wollte mit seiner Frau einen Film schauen, doch dann erinnerte er sich an die Unterhose, die er am Morgen gefunden hatte. Tomas N. holte ein 20 Zentimeter langes Messer und betrat die Küche. Olga N. stand an der Küchenzeile, mit dem Rücken zu ihm. Tomas N. näherte sich ihr von hinten. Er hielt das Messer in der rechten Hand und schnitt ihr in den Hals, von links hinten bis nach vorne rechts. Olga N. brach zusammen, war aber nicht sofort tot. Tomas N. hielt kurz inne, kniete sich hin und streichelte sie am Kopf. Als sie anfing zu schreien, stach er weitere 16 Male auf sie ein, mit solcher Wucht, dass er dabei mehrere ihrer Rippen durchtrennte. Sie verblutete am Tatort.

Anschließend trank er eine weitere Viertelliterflasche Wodka, ließ Wasser in die Badewanne ein und schnitt sich mit einem Cuttermesser in die Pulsadern und in den Hals. Allerdings verletzte er sich nur oberflächlich. Die Kraft, mit der er seine Frau erstochen hatte, schien ihn verlassen zu haben. Nach einer Weile zog er sich an, fuhr mit seinem Auto durch die Stadt und schließlich gegen das Verkehrsschild. Beim späteren Gerichtsprozess stellte sich heraus, dass Tomas N. zwei Tage vor der Tat zu seinem Bruder gesagt hatte, er könne ohne seine Ehefrau nicht leben. Weil er sie liebe.

Wenn ein Mann seine (Ex-)Partnerin umbringt, versuchen Richter:innen, Journalist:innen, aber auch die Zivilgesellschaft, das Unverständliche zu verstehen. Warum begeht jemand ein solches Verbrechen? Oft sind es die Fragen nach dem Täter, die sich zuerst aufdrängen. Will man verstehen, wieso es zu Femiziden kommt, muss man sich auch mit ihnen beschäftigen. Schließlich sind sie die Verantwortlichen für die Tat. Und so gilt es zu klären, wer zum Mörder wird. Gibt es einen oder mehrere Typen von Männern, die zu Gewalt gegen Frauen neigen? Und fallen alle Männer, die ihre Frauen ermorden, vorher durch Gewalttätigkeit auf?

Von der häuslichen Gewalt bis zur Tötung

Eines sei gleich am Anfang gesagt: Femizide ziehen sich durch alle Altersgruppen, alle Bildungs- und Gesellschaftsschichten, alle Beziehungsarten, alle Kulturen. Wie bei anderen Verbrechen auch, wird bei einigen Femiziden versucht, sie politisch zu instrumentalisieren, indem man den Fokus auf die Herkunft des Täters legt. Hat der Täter eine Migrationsgeschichte und ist diese dazu noch in einem Land mit muslimischer Mehrheit angesiedelt, reduziert sich die Debatte schnell auf die Herkunft. Femizide werden somit vorschnell zum Problem der vermeintlich anderen erklärt.

Von den 344 Männern, die im Jahr 2018 ihre (Ex-)Partnerinnen ermordeten oder zu ermorden versuchten, waren 277 deutsche und 117 nichtdeutsche Staatsangehörige. Es gibt also gut doppelt so viele deutsche Täter wie nichtdeutsche. Gleichzeitig leben in Deutschland aber mehr als sechsmal so viele Deutsche wie Ausländer. Folglich gibt es in der Gruppe der Nichtdeutschen einen höheren Anteil von Tatverdächtigen. Wer aber daraus den Schluss zieht, dass die Herkunft eine Rolle bei Femiziden spielen würde, liegt falsch, zumindest wenn man Herkunft nach Ländern oder vermeintlichen Kulturkreisen definiert.

Definiert man Herkunft allerdings als persönlichen Familienhintergrund, so kann es durchaus eine Rolle spielen, wo man herkommt. Entspringt jemand also einem sehr traditionellen, patriarchalisch geprägten Elternhaus, in dem die Frau als Besitz des Mannes gesehen wird, kann dies ein Faktor sein, der Femizide fördert. Derart traditionell geprägte Elternhäuser gibt es in Anatolien aber ebenso wie in Niederbayern.

Entscheidender sind die individuellen Lebensumstände. Bisherige Untersuchungen deuten darauf hin, dass bestimmte Stressfaktoren, das Risiko dafür steigern können, dass ein Mann gewalttätig und womöglich auch zum Femizidtäter wird. Dazu gehören Arbeitslosigkeit, Armut, Krieg und Flucht. Allerdings sind nach dem Stressmodell des Psychologen Richard Lazarus, das in den Achtzigerjahren veröffentlich wurde, nicht die Stresssituationen an sich entscheidend, sondern wie der Mensch sie wahrnimmt und damit umgeht.

Femizide sind ein weltweites Problem, das sich ausnahmslos durch alle Länder, alle Kulturen, alle Religionen zieht. In manchen Ländern, etwa in Spanien, Frankreich oder Argentinien, wird es oft thematisiert, in manch anderen Ländern – und dazu gehört Deutschland – findet es deutlich weniger Platz in der öffentlichen Debatte. Liegt der Fokus dabei auf dem Pass oder der Herkunft der Täter, so sieht man darüber hinweg, dass Femizide genauso wie häusliche Gewalt ein systemisches Problem sind. Und zwar auch ein Problem der deutschen Gesellschaft als Ganzes.

Ein eindeutiges Täterprofil gibt es nicht. Aber es gibt einige generelle Tendenzen, die aus internationalen Forschungsberichten hervorgehen: So werden etwa Männer zwischen 30 und 40 häufiger zu Femizidtätern als ältere oder jüngere Männer. Männer, die außerhalb der Beziehung töten, sind im Durchschnitt jünger als andere Femizid-Täter. Eine mögliche Erklärung dafür ist, dass das Risiko für einen Femizid mit der Dauer der Beziehung tendenziell steigt. Verschiedene Studien zeigen außerdem, dass viele Femizidtäter zum Zeitpunkt der Tat unter dem Einfluss von Alkohol oder Drogen standen.

Was aufschlussreich sein kann, ist die Betrachtung der Vorgeschichte der Täter: Waren sie vor dem Femizid in der

Beziehung bereits gewalttätig oder nicht? Bei der Mehrheit der Täter ist das der Fall. Das suggerieren Studien zu Femiziden in den USA. Die genaue Prozentzahl ist schwer zu benennen. Je nach Studie hatte das Opfer in 65 bis 80 Prozent der untersuchten Femizide bereits Gewalt durch den Täter erlebt. Für eine qualitative Studie aus den USA wurden etwa 30 Frauen verschiedenen Alters befragt, die einen Femizidversuch seitens ihrer (Ex-)Partner überlebt haben. Zwanzig von ihnen hatten in der Beziehung physische oder sexuelle Gewalt erlebt, manche nur gelegentlich, manche regelmäßig. Fünf weitere hatten im Laufe der Beziehung minimale Gewaltepisoden erlebt – eine Frau war etwa viele Jahre vor dem Femizidversuch während eines Streites von ihrem Ehemann geschubst worden. Nur fünf Frauen hatten nie zuvor Gewalt erlebt.

Die Gewalt in der Beziehung kann ganz unterschiedliche Formen annehmen. Tomas N., der Täter aus Hanau, hatte seine Frau kurze Zeit vor dem Femizid im Gesicht verletzt und deshalb einen zweiwöchigen Platzverweis von der Polizei bekommen. Gewalt muss aber nicht immer rein körperlich sein, sondern kann auch psychischer Natur sein. Tatsächlich schreibt die Bundesarbeitsgemeinschaft Täterarbeit Häusliche Gewalt e.V. in ihrer Definition von häuslicher Gewalt, dass diese »physische, psychische, sexualisierte, soziale, emotionale und ökonomische Gewalt, Isolation, Stalking, Bedrohung und Einschüchterung« beinhaltet.

Welcher Typ von Mann neigt zu häuslicher Gewalt? Das ist schwierig zu beantworten. »Es gibt nicht den einen Typ gewalttätiger Männer«, sagt Anja Steingen. Sie ist Psychologin und war 19 Jahre lang in der Fachstelle für Gewaltprävention der Arbeiterwohlfahrt in Köln tätig. Sie hat Anti-Gewalt-Trainings angeboten und viele Täter häuslicher Gewalt kennengelernt. Auf psychologischer Ebene gibt es laut Steingen Faktoren, die Gewaltverhalten begünstigen können. So kann beispielsweise das Temperament, das jemand mitbringt, beeinflussen, wie gut oder eben schlecht er seine eigenen Impulse kontrollieren kann. Auch eine psychische Erkrankung, wie etwa eine Persönlichkeitsstörung, zählt zu diesen Faktoren. Eine zentrale Rolle spielt zudem die eigene biografische Erfahrung. Wenn ein Mann als Kind selbst Gewalt erfahren hat oder erlebt hat, wie es zwischen den Eltern zu gewalttätigen Auseinandersetzungen kam, kann ihn das nachhaltig negativ prägen. Seine Bindungsfähigkeit kann dadurch stark beeinträchtigt sein. Das ist die Fähigkeit, mit anderen Menschen vertrauensvolle Beziehungen zu führen. Das hat Auswirkungen darauf, wie die Person Beziehungen im Erwachsenenleben gestaltet. Sehr entscheidend ist auch das Geschlechterbild eines Mannes. Hat er ein traditionelles, patriarchalisches Rollenverständnis, glaubt er also, dass er als Mann die Macht über die Frau haben sollte, wird er nichts Verwerfliches darin sehen, sie zu schlagen. In diesem Zusammenhang spielen auch die Machtverhältnisse in der Gesellschaft eine große Rolle. Sind Männer in mächtigeren Positionen, verdienen sie mehr als Frauen, werden Frauen nicht als gleichwertig erachtet oder Gewalt gegen sie nicht konsequent geahndet, dann erhöht das die Risiken häuslicher Gewalt.

In ihrem Buch *Häusliche Gewalt: Handbuch der Täterarbeit* beschreibt Steingen vier Typologien von Tätern häuslicher Gewalt, die in der US-amerikanischen Forschung etabliert sind: Der Family-Only-Typ, der Borderline/Dysphoric-Typ, der Generally-Violent/Antisocial-Typ und der Low-Level-Antisocial-Typ.

Zur Kategorie Family-Only-Typ gehören jene Täter, die keine psychischen Auffälligkeiten zeigen. Sie führen oft ein erfolgreiches Leben. Weil sie ihre Gewalt nur innerhalb der Familie ausüben, sind sie nach außen als Täter häuslicher Gewalt kaum erkennbar. Sie vermeiden häufig Konflikte und wissen nicht, wie sie diese ohne Gewalt lösen können. Außerdem haben sie Schwierigkeiten, ihre Gefühle in Worte zu fassen. Dieses Unvermögen kann mit der biografischen Erfahrung der Täter zusammenhängen. Kinder, die Gewalt erleben, versuchen, ihre Gefühle auszublenden – als Überlebensstrategie: Sie interpretieren die Situation um, um keine Angst mehr zu spüren. So aber geht der Zugang zu den eigenen Gefühlen verloren. Problematisch daran ist, dass ein solches Verhalten auch von manchen gewaltfreien Familien unterstützt wird, etwa durch die Vermittlung patriarchaler Rollenmuster an Söhne. Das passiert schon durch Sätze wie: »Jetzt weine nicht, Jungs weinen nicht« oder »Jetzt sei doch kein Mädchen«.

»Gefühle sind aber wichtige Signale für die Verhaltenssteuerung«, sagt Steingen, »wenn ich traurig bin, wende ich mich jemandem zu, wenn ich Angst habe, flüchte ich. Wenn ein Mann das alles aber nicht rechtzeitig spüren kann, fehlen ihm Warnsignale, um sein Verhalten zu regulieren.« So rede sich der Mann ein, nicht wütend zu sein und die Situation gut aushalten zu können. »Manchmal«, so Steingen, »sind Männer selbst entsetzt, wenn sie vermeintlich plötzlich gewalttätig agieren.« So kann es beispielsweise vorkommen, dass ein Mann seiner Partnerin nicht sagen kann, dass er Angst hat, verlassen zu werden. Er redet sich ein, dass ihm das völlig egal sei. Die Angst ist aber da. Das Nächste, was dieser Mann tut, ist, seine Frau zu schlagen. Er weiß aber nicht, wieso er das getan hat, und fängt an, Erklärungen dafür zu suchen. Etwa, dass seine Frau mit jemandem geflirtet habe, obwohl das mit der Realität nichts zu tun haben muss.

Luise Greuel ist Psychologin und Rektorin der Hochschule für Öffentliche Verwaltung Bremen. In dem von ihr herausgegebenen Buch *Macht – Nähe – Gewalt (?)* weist auch sie auf die eingeschränkte Fähigkeit mancher Täter hin, über ihre Gefühle zu sprechen. »Wenn Persönlichkeitsstörungen vorliegen, dann handelt es sich mehrheitlich um passiv-aggressive und/oder abhängige Persönlichkeiten, das heißt Männer, die überkontrolliert und nur bedingt fähig sind, ihre aggressiven

Empfindungen (z.B. Wut) auszudrücken«. Auch Greuel beobachtete, dass solche Täter vor allem bei Femiziden, die in der Trennungsphase stattgefunden haben, überrepräsentiert sind.

Die zweite Typologie von Tätern häuslicher Gewalt nennt Steingen Borderline/Dysphoric-Typ. Diese Männer haben im Gegensatz zum Family-Only-Typ starke psychische Auffälligkeiten. Ihre Gewalt steht oft im Zusammenhang mit dieser Störung. Die Täter können ihre Impulse oft schlecht kontrollieren. Sie üben ihre Gewalt nicht nur innerhalb der Familie, sondern auch in anderen Situationen aus, in der Kneipe etwa oder auf der Arbeit. Häufig trinken sie viel Alkohol oder nehmen Drogen, schon Kleinigkeiten können bei solchen Menschen zu Gewalt führen.

Unter die dritte und vierte Gruppe fallen Männer, die schon fast im kriminellen Bereich zu sehen sind. Der Generally-Violent/Antisocial-Typ ist generell gewalttätig, begeht häufig auch andere Straftaten. »Es sind stark antisoziale, zum Teil psychopathische Täter«, sagt Steingen. Sie seien oft kalt, empathielos, egoistisch und würden über Leichen gehen, um ihre Ziele zu erreichen. Der Low-Level-Antisocial-Typ dagegen ist kein Psychopath, hat aber eine antisoziale Haltung und neigt zu kriminellem Verhalten.

Liest man in einem Artikel über einen Femizid, dass die Frau schon mehrmals von ihrem Partner geschlagen wurde, kommt schnell die Frage auf, warum sie den Mann nicht vorher verlassen hat. Dafür gibt es eine ganze Reihe von Gründen, die eine Trennung in manchen Fällen schwierig oder schier unmöglich machen. Dabei spielen zum Beispiel Abhängigkeitsverhältnisse eine Rolle: Manche Frauen sind von »ihren« Partnern finanziell abhängig und fürchten ein Leben in Armut. Für manche Frauen ist eine Scheidung keine Option, weil ihre Religion das nicht zulässt oder weil ihr soziales Umfeld Druck auf sie ausübt. Viele gewalttätige Männer verbieten ihren

Frauen auch Kontakte zu anderen Menschen oder zwingen sie, diese zu reduzieren. Dadurch fühlen sich manche Frauen isoliert und wissen oft gar nicht, an wen sie sich wenden könnten. Andere wiederum hoffen zu lange, dass sich die Situation doch noch bessern wird, oder möchten aus Liebe zu ihren Kindern die Familie nicht zerstören. Welche Gründe auch immer angeführt werden, man sollte den Frauen keine Vorwürfe machen. Sie sind keine Täterinnen und tragen keine Mit- oder indirekte Schuld. Sie sind Opfer von Gewaltakten.

Wenn Täter nicht auffällig werden

Die vier oben aufgeführten Täterkategorien treffen auf Männer zu, die Gewalt ausüben. Sie beschreiben die Schläger, die Quäler, die emotionalen Unterdrücker. Doch nicht alle Femizidtäter sind schon vorher in ihren Beziehungen gewalttätig gewesen. Es gibt Fälle, bei denen die Tötung tatsächlich völlig überraschend und ohne erkennbare Vorzeichen passiert.

Unweit vom Gardasee, im 2000-Seelen-Dorf Tenno in der Region Trentino, ermordete am frühen Nachmittag des 31. Juli 2017 der 24-jährige Mattia S. seine 22-jährige Freundin Alba Chiara Baroni. Er erschoss sie mit einer Pistole des Kalibers 9 × 21 in der Wohnung seiner Eltern. Dann nahm er sich selbst das Leben.

Mattia S. und Alba Chiara Baroni kannten sich seit dem Kindergarten, waren zum Zeitpunkt der Tat seit sechs Jahren ein Paar. In den letzten Monaten vor dem Femizid, das erzählt Alba Chiara Baronis Vater Massimo, hatte ihm seine Tochter anvertraut, dass sie sich von Mattia S. getrennt habe. Dennoch hatten die beiden viel Kontakt. Selbst an jenem Tag, an dem sich Alba Chiara Baroni gegenüber dem Vater geöffnet hatte, war Mattia S. bei den Schwiegereltern zum Essen gewesen.

Alba Chiara Baroni war eine lebensfrohe, energievolle junge Frau mit vielen Leidenschaften. Sie arbeitete als Kellnerin und mixte zu Hause gerne Cocktails für ihre Mutter und ihre Schwester. Sie spielte leidenschaftlich Hockey, malte viel mit Ölfarben, entwarf Schmuck und liebte die Natur. Mattia S. kam aus einer im Dorf angesehenen Familie: Vater und Onkel führten eine Baufirma, der Onkel saß im Stadtrat. Er selbst arbeitete in einer lokalen Papierfabrik und engagierte sich in seiner Freizeit bei der freiwilligen Feuerwehr im Dorf. Die Tat schockierte die kleine Gemeinde; niemand wollte wahrhaben, dass jemand wie Mattia S. zum Mörder wurde. Er galt als zuverlässig und hilfsbereit und war nie negativ aufgefallen.

Sowohl die Eltern von Alba Chiara Baroni, Massimo und Loredana, als auch die beste Freundin der jungen Frau erzählten von einer harmonischen, engen Beziehung zwischen Mattia S. und Alba Chiara Baroni. Vor ihrem Freundeskreis schwärmte Alba Chiara Baroni über Mattia S., selbst Alba Chiaras Mutter Loredana sagte über ihn: »Er war der perfekte Schwiegersohn. Bis zu dem Tag, an dem er meine Tochter umgebracht hat.«

Doch etwas war einigen Freund:innen aufgefallen. So wie Alba Chiara Baroni hatte auch Mattia S. Hockey gespielt; er begleitete sie zu den Spielen, war Schiedsrichter. Ein Sportskollege, der beide aus Hockeyzeiten kannte, sagte: »Mattias Leben drehte sich schon sehr um Alba Chiara. Wenn ich die beiden sah, dachte ich nie: Da kommen Alba Chiara und Mattia, sondern da kommt Alba Chiara mit Mattia.« Eine Person aus Mattias Umfeld sagte, er habe »sehr geradlinig gelebt, vielleicht zu geradlinig für einen Menschen in seinem Alter«, und er habe »sein Leben aufgeteilt zwischen Arbeit, Feuerwehr, Alba Chiara«.

Der Fall Tenno steht exemplarisch für jene Fälle, in denen der vermeintlich »perfekte Mann« plötzlich seine Freundin oder Frau umbringt. An dieser Stelle lohnt sich eine Einordnung: Es gibt Femizidtäter, über die vor Gericht keine Vorgewalt in der Beziehung festgestellt wird. Das Opfer lebt aber nicht mehr und kann daher auch nicht erzählen, was sie in der Beziehung erlebt hat. Opfer häuslicher Gewalt vertrauen sich manchmal nur wenigen Menschen an. Werden diese nicht zur Verhandlung eingeladen, kann die Gewalt in der Beziehung unentdeckt bleiben. Außerdem können Anwält:innen des Täters ein Interesse daran haben, ihn als bislang unbescholtenen Mann darzustellen. Es kann also sein, dass die Vorgeschichte nicht immer korrekt dargelegt wird. Doch es gibt in der Tat auch Fälle, bei denen Täter vor dem Femizid nie gewalttätig waren. Dann ist es oft die Trennungssituation, die zum Auslöser für die Gewalt wird.

Wenn eine Frau sich trennen will, spüren gerade Männer, die Bindungsängste haben, dass sie die Kontrolle über die Situation und die Beziehung verlieren. Dieser Kontrollverlust kann zum Femizid führen, denn der Mord ist die ultimative Form, wieder Kontrolle herzustellen. Generell ist die Trennung ein gefährlicher Moment für Frauen – vor allem, wenn sie es sind, die sich dafür entscheiden. Laut der bereits zitierten Psychologin und Rektorin Luise Greuel steht etwa ein Drittel aller Femizide im Zusammenhang mit der Trennung. Und ein beachtlicher Teil der Täter war zuvor nicht gewalttätig.

Mattia S. hat Alba Chiara Baroni ermordet und sich selbst das Leben genommen. Man kann daher über das Motiv des Femizids nur mutmaßen. Am Tag ihres Mordes war Alba Chiara Baroni mit ihrem Auto zu Mattia S. gefahren und hatte vor seinem Haus geparkt. Im Auto, das erzählen ihre Eltern, wurden später Objekte gefunden, die ihre Tochter normalerweise im Haus ihres Partners aufbewahrte. Sie gehen davon aus, dass Alba Chiara Baroni sie an jenem Tag abgeholt hatte. Das könnte ein Hinweis auf eine endgültige Trennung der beiden sein.

Exemplarisch im Fall Tenno ist auch die Tatsache, dass sich der Täter anschließend selbst das Leben nahm. Studien aus dem angloamerikanischen Raum zufolge ist die Suizidrate nach Femiziden um das Sechsfache höher als nach anderen Tötungsdelikten. Das mag einerseits damit zusammenhängen, dass manche Femizidtäter Persönlichkeitsstörungen haben, depressiv sind und gegebenenfalls ohnehin Selbstmordgedanken hegen. Andererseits kann der Suizid nach dem Femizid laut Psychologin Luise Greuel auch als Versuch des Mannes gelesen werden, die Kontrolle über die Beziehung wiederherzustellen.

Absoluter Besitzanspruch

Unabhängig davon, ob Männer vor dem Femizid bereits gewalttätig waren oder nicht, scheinen viele Täter einen regelrechten Besitzanspruch auf »ihre« Frauen zu erheben. Viele Forscher:innen glauben, dass männliche sexuelle Besitzansprüche eine zentrale Rolle bei Femiziden spielen. Der italienische Psychiater und Soziologe Paolo Crepet spricht bei Femizidtätern im Allgemeinen von einer »männlichen Kultur, die nie gelernt hat zu verlieren«. Den Besitzanspruch nennt er »emotionalen Feudalismus«. Damit meint er den Irrglauben vieler Männer, sie würden über ihre Frauen verfügen: »Man besitzt ein Haus, ein Auto und eine Frau. Und weil die Frau einem gehört, kann man mit ihr machen, was man will.« Auch ihrem Leben ein Ende setzen.

Für eine qualitative Studie befragten Forscher:innen der israelischen Bar-Ilan-Universität 15 Femizidtäter und stellten fest, dass die meisten Mörder nicht in der Lage waren, ihre Frauen als eigenständige Menschen zu sehen. Vielmehr war es so, als würden sie ihre Frauen als etwas betrachten, das ihnen das gab, was sie brauchten – zum Beispiel Liebe oder ein stabiles Familienumfeld. Darüber hinaus hatten die meisten Mörder ein umgekehrtes Verständnis der Opfer-Täter-Rollen. Sie fühlten sich nach dem Mord als die eigentlichen Opfer ihrer Frauen, aber auch der Gesellschaft im Allgemeinen. Die befragten Täter zeigten sich egozentrisch, empathielos und waren nicht in der Lage, eigene Fehler in der Beziehung anzuerkennen. So beschrieben manche Täter ihre Frauen als ungehorsam, manipulativ oder psychisch gestört. Dieses Verhalten deckte sich auch mit den Merkmalen der Persönlichkeitsstörungen, die bei einigen Tätern festgestellt wurden – unter anderem pathologischer Narzissmus, der das Empathievermögen eines Menschen erheblich einschränken kann. Mit der Projektion schlechter Eigenschaften auf die eigentlichen Femizidopfer rechtfertigten die Täter den begangenen Mord. Auch hier zeigt sich erneut, dass manche Männer Femizide als Lösung sehen, um durch sie die Kontrolle über ihr eigenes Leben, über ihre aktuelle Situation und ihre Beziehung wiederherzustellen.

Nun stellt sich die Frage, ob nicht auch Frauen einen ähnlich gearteten Besitzanspruch über ihre Partner erheben können. Auch Frauen können krankhaft eifersüchtig sein, auch Frauen töten – wenn auch viel seltener als ihre Männer. Welche Rolle also spielt das Geschlecht beim Tötungsdelikt? In ihrem bereits erwähnten Buch *Macht – Nähe – Gewalt (?)* weist die Psychologin Luise Greuel auf eine wichtige Tatsache hin: »Wenn Frauen ihre Partner töten, spielen Eifersucht beziehungsweise Besitzansprüche keine oder allenfalls eine marginale Rolle.« Laut Greuel bringen Männer ihre (Ex-)Partnerinnen mehrheitlich um, um eine Trennung zu verhindern. Frauen dagegen töten ihre Männer eher, um sich aus einer Beziehung zu lösen. Ein Mord ist für Täterinnen demnach oft ein Befreiungsschlag. Kriminalhauptkommissar Stephan Harbort, Autor des Buches *Wenn Frauen morden*, fasst das in einem Interview mit dem *Tagesspiegel* so zusammen: »Während Männer größtenteils morden, um ihre Opfer zu beherrschen und zu vernichten, töten Frauen, um sich nicht weiter beherrschen zu lassen.« Viele Frauen ermorden ihre Partner, um eine Beziehung zu beenden, in der sie geschlagen oder erniedrigt wurden.

Täterarbeit

Wenn nun auch Männer, die nie gewalttätig waren, wie im Fall von Mattia S. aus Italien, zu Frauenmördern werden, heißt das dann, dass jeder gewalttätig oder gar zum Mörder werden kann? Die Psychologin Anja Steingen glaubt das nicht: »Menschen, die nicht bindungsängstlich sind und ein gleichberechtigtes Geschlechterbild haben, haben ein viel geringeres Risiko, Gewalt auszuüben.«

Wie lässt sich also gegensteuern, um Femizide zu verhindern? Steingen plädiert dafür, möglichst früh Geschlechtergerechtigkeit zu thematisieren, schon im Kindergarten und in Schulen. Kinder, glaubt sie, sollten früh lernen und üben, wie man mit Konflikten umgehen kann, was Selbstbestimmung bedeutet, welche Rechte Mädchen und Frauen sowie Jungen und Männer haben. Dazu gehöre auch, dass Familien und Kinder, die häusliche Gewalt erleben, frühzeitig Hilfe erfahren. Und dass gesellschaftliche Risikofaktoren wie ungleiche Machtverhältnisse zwischen Männern und Frauen abgebaut werden.

Für Männer, die bereits gewalttätig waren, bietet Steingen seit Jahren Anti-Gewalt-Trainings an. Diese richten sich an Frauen und Männer aller Altersstufen. Doch die Arbeit mit Tätern häuslicher Gewalt unterscheidet sich sehr von der Arbeit mit Männern, die sich etwa auf der Straße mit einem anderen Mann geprügelt haben. Täterarbeit ist ein essentieller Baustein, um Gewalt gegen Frauen zu bekämpfen und Femizide zu verhindern. Denn nur wenn Täter ihr Verhalten erkennen und ändern können, werden sie nicht wieder gewalttätig.

Täter häuslicher Gewalt können sich freiwillig zu einem Anti-Gewalt-Training anmelden, oder die Maßnahme von einem Gericht oder einer Staatsanwaltschaft verordnet bekommen. Manche erfahren durch die Polizei, das Jugendamt oder eine Beratungsstelle von den Angeboten.

Ein klassisches Anti-Gewalt-Training läuft bei Steingen so ab: Zuerst führen die Therapeut:innen Einzelgespräche mit dem Täter, den sie potenziell ins Trainingsprogramm aufnehmen möchten. Es geht darum, den Mann und seine Lebensgeschichte kennenzulernen sowie seine Logik zu verstehen. »Wir fragen ihn, wie er selber seine Gewalt oder seine Lebensumstände erklärt«, erläutert Steingen. Falls noch Kontakt zwischen ihr und dem Täter besteht, wird auch die Partnerin zu einem Einzelgespräch eingeladen.

In dieser Phase führen die Therapeut:innen die Diagnostik durch, um zu entscheiden, ob eine Person überhaupt ins Täterprogramm passt. Dieses besteht in der Regel aus 50 Gruppenstunden. Die Gruppe, die acht bis zehn Männer umfasst, trifft sich einmal in der Woche für zwei Stunden. Dort werden Themen bearbeitet wie Männer- und Frauenbilder oder die Folgen der Gewalt für das Leben des Mannes, der Partnerin und der Kinder. Es wird geübt, wie man Gefühle zum Ausdruck bringen und Konflikte bewältigen kann – ohne dabei gewalttätig zu werden.

Eine Person, die an einem solchen Anti-Gewalt-Training teilgenommen hat und dieses erfolgreich abgeschlossen hat, ist Andreas, der in Wirklichkeit anders heißt. Andreas ist kein Mörder. Er hat seine Freundin während einer Auseinandersetzung am Hals gepackt, sie aber wieder losgelassen, als er merkte, dass sie sonst keine Luft mehr bekommen hätte.

Hätten wir für dieses Buch mit einem Femizidtäter sprechen sollen? Dagegen spricht, dass in der Berichterstattung der Fokus häufig auf den Tätern liegt. Außerdem stellt sich die Frage, ob man einem Mann, der seine (Ex-)Partnerin umgebracht hat, wirklich so viel Raum geben möchte. Viele Täter sind unreflektiert, gestehen selbst vor Gericht ihre Schuld nicht ein oder schieben ihrem Opfer die Schuld zu, indem sie sich mit Sätzen wie »Sie hat mich provoziert« oder »Sie wollte sich trennen« verteidigen. Wünschenswerter wäre ein Gespräch mit einem reflektierten Femizidtäter gewesen, der seine Schuld anerkennt und seine Tat einordnen kann. Doch an so jemanden heranzukommen, ist gar nicht so einfach. Der Leiter eines Anti-Gewalt-Trainings vermittelte uns schließlich den Kontakt zu Andreas. Andreas ist kein Femizidtäter, aber er ist ein positives Beispiel für einen Mann, der sein eigenes gewalttätiges Verhalten rechtzeitig erkannt hat. Er hat über seinen tätlichen Angriff auf seine Freundin nachgedacht und sich dafür entschieden, etwas dagegen zu unternehmen. Er hat selbst nach einer Antwort auf die Frage gesucht: Warum habe ich das getan?

»Was für eine Scheiße hast du veranstaltet?«

Ich heiße Andreas. Zwei Jahre lang habe ich ein Anti-Gewalt-Training besucht, weil ich meine langjährige Freundin geschlagen habe.*

Ich bin 26 Jahre alt und in einer mittelgroßen westdeutschen Stadt geboren und aufgewachsen. Ich hatte eine sehr schöne Kindheit. Ich bin das Jüngste von drei Kindern. Wir waren viel draußen, haben Baumhäuser gebaut. Ich hatte viele Freunde.

In der Grundschule war alles in Ordnung, doch als ich in die Hauptschule kam, wurde ich gemobbt. Ich war früher kräftig, und es gab eine Gruppe von etwa zehn Kindern, die

---

* Name geändert.

mich beleidigt hat. Sie nannten mich »dicker Junge«, »hässliches Kind«, riefen mir zu: »Guckt mal, das fette Schwein kommt.« Jeder Spruch tat weh. An eine Episode kann ich mich heute noch genau erinnern. Wir hatten Schulschwimmen und sie haben meine Klamotten weggeschmissen. Dann haben sie Fotos von mir mit ihren Handys gemacht und gesagt: »Das fette Schwein hat nichts zum Anziehen.«

Ich wurde oft von ihnen geschlagen. Das war meine erste Begegnung mit Gewalt. Wenn man zum ersten Mal geschlagen wird, ist es komisch. Man weiß nicht, warum das passiert, und ist mit der Situation überfordert. Ein Freund von mir hat ihnen oft gesagt, dass sie mich in Ruhe lassen sollen. Er hat gesagt: »Ob dick oder dünn – ein Mensch ist ein Mensch.« Aber das kam bei ihnen nicht an. Von den Lehrern habe ich kaum Unterstützung bekommen. Als meine Eltern mit ihnen geredet haben, haben sie nur gesagt, das würde irgendwann von selbst weggehen.

Zu Hause habe ich versucht, das Ganze zu verdrängen, habe mir selber gesagt: Morgen ist ein neuer Tag, mal schauen, was dann passiert. Irgendwann habe ich mit meinen Eltern gar nicht mehr darüber gesprochen. Ich habe alles heruntergespielt, damit sie sich keine Sorgen machen. Nur mit meinem guten Freund habe ich darüber geredet, der hat das ja alles mitbekommen.

Damals war ich zwölf. Zwei Jahre lang haben sie mich gemobbt. Dann hatten wir an einem Tag schulfrei. Wir waren an der Bushaltestelle und drei von ihnen wollten mich angreifen. Da habe ich mir gedacht: Du kannst dich nicht immer schlagen lassen, jetzt nimmst du deinen Mut zusammen und schlägst einmal drauf. Also habe ich den einen Jungen an den Beinen gezogen. Er ist auf den Boden gefallen und mit dem Gesicht auf den Bordstein geschlagen. Die Narben im Gesicht hat er heute noch. Die Eltern des Jungen haben mich angezeigt. Bei der Polizei habe ich erzählt, warum ich zugeschlagen hatte. Am Ende hat er eine Anzeige wegen Mobbing bekommen. Bei mir hieß es, ich hätte aus Notwehr gehandelt.

Eigentlich hasse ich mich für das, was ich da getan habe. Man denkt sich: Warum machst du den gleichen Scheiß, den sie mit dir gemacht haben? Aber während man draufhaut, denkt man an nichts. Dein Körper sagt nur: Du musst jetzt was tun. Was man tut, realisiert man erst im Nachhinein.

Der Junge hat dann die Schule gewechselt. Ich habe ihn während meiner Ausbildung getroffen und ihn angesprochen. Ich wollte wissen, warum sie sich mich rausgesucht hatten. Er hat gesagt, er wollte sich beweisen, dass er cool ist. Ich habe ihm gesagt: Früher ist früher. Ich bin keiner, der viel an die Vergangenheit denkt. Man muss in die Zukunft schauen, wenn man zu viel zurückblickt, geht man kaputt.

Nachdem ich zurückgeschlagen habe, wurde ich in Ruhe gelassen. Das war auch das einzige Mal, dass ich in der Jugend gewalttätig wurde.

Nach der Schule habe ich eine Ausbildung als Landschaftsgärtner gemacht, bei der Firma arbeite ich heute noch. Der Job macht mir richtig Spaß. Dort habe ich meine erste Freundin kennengelernt. Sie war zwei Jahre jünger als ich. Sie war sehr sympathisch, sehr freundlich. Es dauerte mehrere Monate, bis wir zusammenkamen, aber als es so weit war, wurde sie sehr eifersüchtig. Sie wollte mir verbieten, am Wochenende Alkohol zu trinken, wollte nicht, dass ich Freunde treffe. Eines Abends habe ich auf einer Party von einem Freund erfahren, dass sie gleichzeitig mit mir und mit ihm zusammen war. Das habe ich ihr zunächst nicht gesagt. Ich dachte, irgendwann kommt sie zu mir und sagt mir das. Das hat sie aber nicht gemacht. Einmal, wir stritten gerade, habe ich ihr dann gesagt, dass ich Bescheid weiß. Wenig später haben wir uns getrennt.

Nach dieser Beziehung hatte ich zunächst keine Lust mehr auf Frauen. Ich war auf vielen Partys. Aber irgendwann habe ich mir gedacht: Du kannst doch nicht an jedem Wochenende weggehen. Das ist teuer. Ungefähr zur gleichen Zeit war ich auf der Geburtstagsparty einer guten Freundin – und habe dort meine jetzige Freundin kennengelernt.

Sie ist echt eine super Frau. Sie ist sehr freundlich, sehr einfühlsam. Ich kann mit ihr über alles sprechen. Wenn ich einen schlechten Tag auf der Arbeit habe, kann ich ihr sagen, dass ich meine Ruhe brauche, und sie gibt mir meine Zeit. Sie ist vier Jahre älter, also hat sie mir am Anfang viele Ratschläge gegeben, wie sie dies oder jenes machen würde, und ich habe versucht, entsprechend zu handeln. Ich mochte vor allem ihre Spontaneität. Einmal hatten wir geplant, gemeinsam zu kochen, da rief sie an und sagte: »Komm, wir gehen jetzt ins Kino.«

Wir waren ein Jahr zusammen, als sie zum ersten Mal vorgeschlagen hat zusammenzuziehen. Das war mir aber zu früh. Ein Jahr später haben wir es dann gemacht und sind in eine Zweizimmerwohnung gezogen.

Sieben Jahre waren wir friedlich zusammen. Dann waren wir immer häufiger unterschiedlicher Meinung und fingen an zu streiten. Sie sagte was, ich war sofort angepisst. Irgendwann hatte sie immer eine andere Meinung als ich. Das Problem ist, dass ich diesen ganzen Stress immer runtergeschluckt habe. Sie hat mit Freundinnen darüber gesprochen, ich mit niemandem. Nach den Streitereien habe ich mich bei ihr entschuldigt, aber den Streitgrund haben wir nie aus der Welt geschafft, weil wir nicht vernünftig darüber geredet haben. Aber wenn man nicht darüber redet, baut man innerlich einen Turm, und wenn der letzte Baustein kommt, fällt der Turm um.

Eines Tages ist sie nach Hause gekommen und hat angefangen, mir Vorwürfe zu machen. Wir waren im Wohnzimmer, und sie sagte mir, was ich alles falsch mache. Dann hat sie angefangen, mich zu beleidigen. Ich habe ihr gesagt, dass sie mich in Ruhe lassen soll, sie hat es aber nicht getan, also wurde ich wütend. Dann hat sie mich festgehalten, ich wurde noch wütender. Als sie mich »Arschloch« genannt hat, ist in meinem Kopf das Licht ausgegangen, als hätte jemand den Schalter umgelegt. Vor meinen Augen sah ich schwarz.

Trotzdem kann ich mich an die Tat genau erinnern.

Wir standen in der Küche. Ich habe sie weggeschubst. Sie hat mich getreten. Dann habe ich sie ins Gesicht geschlagen, sie hat mich gebissen. Schließlich habe ich sie am Hals gepackt und an die Wand gedrückt. »Halt die Fresse«, habe ich ihr gesagt. Gleichzeitig habe ich aber gedacht: Wenn du weiter zudrückst, kriegt sie keine Luft mehr, komm, lass los. Es hat aber schon ein bisschen gedauert, bis ich in meinem Kopf realisiert habe, was ich gerade mache.

Als ich sie losgelassen habe, hat sie gesagt, sie werde die Polizei rufen. Ich habe ihr gesagt: »Wenn du die Polizei anrufst, bringe ich mich um.« Ich bin aus der Küche raus, sie hat ihr Handy geholt, ich bin nach unten gegangen und habe mir eine Zigarette angezündet. Unten habe ich realisiert, was ich getan habe. Ich dachte mir: Was für eine Scheiße hast du veranstaltet? Jetzt kommt die Polizei, du hast eine Anzeige am Arsch, kannst deinen Job verlieren. Als die Polizei kam, nahm sie mich mit.

Zehn Tage lang durfte ich nicht nach Hause. In der Zeit habe ich bei meinen Eltern geschlafen und eigentlich jeden Tag nur daran gedacht, wie das alles passieren konnte. Ich hätte nie gedacht, dass ich meiner Freundin so etwas antun könnte. Ich fragte mich die ganze Zeit: Warum hast du das gemacht? Wieso bist du ausgeflippt? Ich habe schnell verstanden, dass ich etwas unternehmen musste. So bin ich auf ein Anti-Gewalt-Training gekommen.

Sechs Tage nach der Tat hatte ich zum ersten Mal wieder

Kontakt zu meiner Freundin. Wir haben uns im Park getroffen. Ich habe bemerkt, dass sie Angst vor mir hat. Ich sagte ihr, ich könnte es verstehen, wenn sie nicht mehr will, dass ich nach Hause komme. Doch sie sagte, sie wolle das. Aber ich solle etwas unternehmen, damit die Beziehung funktioniert.

Am Anfang der Therapie hatte ich zunächst fünf Einzelsitzungen, bei denen ich die Tat schildern und über mich sprechen musste. Dann kam ich in eine Gruppe. Da gab es Menschen, die schon länger dabei waren. Es war schon komisch, mit wildfremden Menschen darüber zu sprechen, wie ich gewalttätig wurde. Am Anfang dachte ich, das geht sie gar nichts an. Jedes Mal, wenn ich über die Tat sprach, spürte ich Hass auf mich selber, ich fragte mich, warum es überhaupt so weit kommen konnte. Ein Faktor – und das habe ich dank der Therapie gelernt – war wahrscheinlich, dass ich mit niemandem über den Streit mit meiner Freundin gesprochen hatte. Jetzt weiß ich: Wenn man Probleme hat, sollte man immer mit einer Vertrauensperson darüber reden. Das habe ich nie gemacht, ich habe es runtergeschluckt.

Auch das Mobbing in meiner Jugend kann ein Faktor sein. Vielleicht hat meine Freundin einen Spruch gebracht, der Erinnerungen getriggert hat. Bei der Therapie habe ich gelernt, dass das alles nicht einfach nur passiert ist. Ich habe zugeschlagen. Viele Täter versuchen das runterzuspielen. Aber du entscheidest selber, was du in dem Moment machst.

Durch die Therapie habe ich gelernt, Frühwarnsysteme zu erkennen. Jeder Mensch spürt so etwas, wenn er wütend wird. Bei manchen schwitzen zum Beispiel die Hände, bei mir kribbelt es im Arm, und wenn ich komplett sauer werde, bekomme ich Bauchschmerzen. Wenn ich das heute merke, gehe ich aus der Situation raus, hole mein Fahrrad und fahre ein paar Stunden durch die Gegend, bis ich mich beruhigt habe. Im Nachhinein spreche ich über die Situation, die mich wütend gemacht hat.

Zwei Jahre lang war ich jetzt bei der Therapie, sie ist abgeschlossen. Ich habe dennoch Angst, dass ich wieder gewalttätig werden könnte. Mein Therapeut sagt, im Training lernt man, wie man mit Gewalt umgehen kann. Eine Versicherung dafür, nie wieder gewalttätig zu werden, ist es dennoch nicht.

Protokoll 2

»Ich habe Angst vor dem Tag, an dem er aus dem Gefängnis kommen wird.«

Nadja Yousfi ist 41 Jahre alt und lebt mit ihren Kindern in Rüsselsheim. Ihr Ex-Ehemann hat sie mit einer Machete angegriffen, sie gewürgt und schließlich in Brand gesteckt.*

Seit mein Ehemann versucht hat, mich zu verbrennen, gehe ich nur noch voll verschleiert aus dem Haus. Davor trug ich, anders als meine Schwestern, noch nicht mal ein normales Kopftuch. Unangenehm ist das vor allem, wenn ich ins Schwimmbad gehe. Dort bin ich oft, meine Kinder sind echte Wasserratten, besonders meine zehnjährige Tochter. Ich setze mich dann immer in dieselbe Ecke, trinke meinen Kaffee und versuche, nicht auf die anderen Gäste zu achten. Denn ich habe das Gefühl, dass die mich anstarren und denken: »Was will die verschleierte Frau bei all den halbnackten Männern?« Wenn sie mich ohne Schleier sehen würden, würden sie noch mehr starren – oder sich wegdrehen, weil sie den Anblick nicht ertragen würden. Einmal habe ich das erlebt. In Holland wollten meine Schwester und ich mit den Kindern ins Schwimmbad. Die Frau an der Kasse ließ mich zuerst wegen meines Schleiers nicht rein. Also hob ich meinen Schleier und zeigte ihr mein Gesicht. Sie entschuldigte sich und winkte mich durch. Es war sehr demütigend. Wie ich aussehe, fällt mir schwer zu beschreiben.

---

* Nadja Yousfi heißt in Wirklichkeit anders, bat aber darum, dass ihr Name hier zum Schutz ihrer Kinder geändert wird.

Aus dem Urteil:
»Durch die Verbrennungen waren ihre Nase und ihre Lippen und ca. 70 Prozent ihrer Körperoberfläche zerstört, weshalb ihre Überlebenschancen von den behandelnden Ärzten als sehr gering eingeschätzt wurden.«

Ich habe inzwischen 56 Operationen hinter mir. Ein Zeh musste teilamputiert werden. Meine Hände sind steif, ich kann sie kaum bewegen. Ich creme mich jeden Tag mit Aloe vera ein, kann aber bis heute noch nicht mal ein Glas richtig halten. Kartoffeln zu schälen ist unvorstellbar. Es kommen noch viele Hauttransplantationen auf mich zu, mein Fuß, mein Gesicht, die Hände müssen noch operiert werden. Das alles dauert sehr lange, weil so wenig gesundes Hautgewebe übrig geblieben ist. Und das braucht man, um neues Gewebe zu züchten. Jeder Eingriff ist schwerwiegend, danach kann ich erst einmal wieder nicht laufen oder meine Hände benutzen. Die nächste OP verschiebe ich in den Winter, im Sommer ist es zu krass, denn die Hitze schadet meiner Haut und die Wunden heilen langsamer. Ich verstehe bis heute nicht, wie mein Mann mir so etwas antun konnte. Wir haben ein Leben geteilt, ein Bett, vier Kinder, alles.

Ich bin 40 Jahre alt, in Marokko geboren und in einer Kleinstadt in Hessen aufgewachsen. Meine Eltern sind beide Berber aus Nador in Marokko. Mein Vater wurde in den Siebzigerjahren von Opel angeworben. Dann heiratete mein Vater meine Mutter und brachte sie ebenfalls nach Deutschland. Wir sind insgesamt acht Geschwister, drei Brüder und fünf Schwestern, ich bin genau in der Mitte, das vierte Kind. Ich war die Rebellin im Haus, lief immer mit Shorts oder Miniröcken rum, schon weil meine Eltern das nicht wollten. Hauptsache provozieren.

Meinen Mann habe ich mit 22 Jahren kennengelernt.

Meine Eltern wollten damals eigentlich, dass ich meinen Cousin heirate, aber darauf hatte ich keine Lust. Ich habe zu dieser Zeit bei »Signal Iduna« gearbeitet, und mein Mann, damals 24 Jahre alt, kam dort manchmal vorbei, um einen Freund zu besuchen. Ich fand ihn nett und entwickelte einen Plan: Einmal verheiratet, könnte ich machen, was ich will. Deshalb würde ich diesen Mann heiraten. Er hatte eine Wohnung, dort könnten wir in einer Art WG zusammenleben. Das würde nett werden.

Ich ließ mich auf ihn ein – und wurde ungeplant gleich schwanger. Damit war die Hochzeit sowieso unausweichlich. Richtig geliebt habe ich diesen Mann nie. Die Frage nach der Liebe war für mich aber nie entscheidend. Kann sein, dass das daran liegt, dass ich muslimisch erzogen wurde. Wenn man heiratet, dann akzeptiert man den Mann eben. Fertig. Deshalb bin ich auch nie auf die Idee gekommen, mich von ihm zu trennen.

Meine Eltern waren gegen diese Ehe. Wir haben es trotzdem durchgezogen, gerade einmal anderthalb Monate, nachdem wir uns kennengelernt hatten. Es gab eine kleine Feier, auch das fanden meine Eltern falsch, sie hätten ein Riesenessen mit Lamm und Hähnchen bevorzugt. Selbst als mein erster Sohn 2011 geboren wurde, waren sie noch sauer und kamen nicht ins Krankenhaus. Ich sollte meinen Mann verlassen. Hätte ich doch nur auf sie gehört. Aber damals trieben sie mich mit ihrem Protest nur weiter zu ihm.

Nach und nach erfuhr ich viel Negatives über ihn. Er war illegal in Deutschland. Er hieß in Wirklichkeit anders – und hatte in seiner Heimat, der Türkei, seine erste Frau mit drei Kindern sitzen lassen. Das habe ich nur erfahren, weil ich zufällig an sein Handy ging, als er nicht im Raum war. Ich war gerade im achten Monat schwanger. Die Frau am anderen Ende stellte sich als Schwiegermutter heraus. Da gestand er mir, dass seine ersten drei Kinder bei seiner Mutter in der

Türkei leben. Ich bin nach der Geburt meines Kindes dorthin gefahren und habe gesehen, dass sie wirklich getrennt sind. Und er sich um seine Kinder nicht scherte. Sie haben mir leid getan, ich habe ihnen Geld geschickt.

Er kam in Deutschland nie an. Obwohl er durch die Ehe mit mir in Deutschland bleiben und arbeiten durfte, tat er das nicht. Er hat keine Ausbildung, konnte schlecht lesen, schreiben und rechnen. Manchmal hat er als Maurer ausgeholfen. Für die Ein-Euro-Jobs war er sich zu schade. Dass ich hochschwanger im Restaurant arbeitete, um die Miete für uns zu bezahlen, störte ihn allerdings nicht. Immerhin hatte sich in den ersten Jahren eine Sache bewahrheitet: Ich konnte mir alle Freiheiten nehmen. Ich ging mit meiner Schwester aus, traf Freundinnen, trank Alkohol, kam spät zurück. Das alles juckte ihn nicht.

Doch irgendwann entwickelte er eine riesige Eifersucht. Einen äußeren Auslöser gab es nicht, vielleicht ließ er einfach seine Frustration über seine eigene Situation an mir aus. Er begann mir hinterherzuspionieren. Plötzlich stand er in der Bar oder dem Café, in dem ich mit Freundinnen saß, drehte eine Runde, sah, dass wir nur miteinander und nicht mit Männern sprachen – und ging wieder. Wir gewöhnten uns daran. Ernst nahm ihn keiner. Verantwortlich für mein Verhalten machte er vor allem eine meiner Schwestern. Gegen sie entwickelte er einen regelrechten Hass, dabei war ich eigentlich die treibende Kraft.

Aus dem Urteil:
»Hintergrund für die ablehnende Haltung des Angeklagten waren aber keineswegs religiöse Motive. Ob seines mangelnden Selbstwertgefühls hatte er schlicht große Angst, von seiner Frau verlassen zu werden. Schließlich war das Einzige, was ihm je im Leben gelungen war, eine Frau wie Nadja Yousfi zu finden und eine Familie zu

gründen. Eine Trennung, so wusste der Angeklagte, würde er nicht überstehen.«

Wir stritten immer heftiger. Er sagte immer wieder Sätze wie »Ich bringe dich um« oder »Du bist nichts wert«. Das ist nicht schön, aber irgendwann verlieren diese Worte an Bedeutung. Man gewöhnt sich daran. Ich, meine Kinder, meine Familie. Vor allem ließ er diesen Drohungen nie Taten folgen. Wirklich, nicht einmal geohrfeigt hat er mich. Wenn er handgreiflich geworden wäre, wäre ich vielleicht eher gegangen. Denn so was hört nie auf, das weiß ich. Er hingegen tat mir nur mit Worten weh.

Einmal war ich so wütend auf ihn, dass ich all seine Kleider zusammenpackte und in den Altkleidercontainer warf. Daraufhin sagte er zu mir: »Glaubst du, du kannst abhauen? Ich werde dich finden, egal wo du hingehst. Und deine Eltern, die sind dann immer noch da.«

Viele Frauen haben Angst, ihren Mann anzuzeigen. Ich bin auch nie auf die Idee gekommen. Ich meine, was wäre dann passiert? Die Polizei wäre zu ihm gefahren und hätte mit ihm gesprochen. Was hätte er geantwortet? »Das war nur ein Scherz.« Das hätte ihm doch noch mehr Anlass gegeben, mich zu töten. Man kann sich komplett trennen, ja, aber für mich hätte das bedeutet, dass nicht nur ich und die Kinder abhauen, ich hätte auch meine Eltern mitnehmen müssen. Sonst hätte er die bedroht, um mit mir in Kontakt zu kommen.

Nach irgendeinem fürchterlichen Streit im Jahr 2007 beschloss ich zu gehen. Heimlich mietete ich eine Zweizimmerwohnung für mich und meine Kinder in Rüsselsheim. Hier wohnen meine Eltern und mein Bruder. Er sollte in der alten Wohnung bleiben und schauen, wie er klarkommt. Was war ich stolz auf diesen Schritt. Dabei hatte ich das Wichtigste nicht bedacht: Unsere alte Wohnung lief auf meinen

Namen. Er zahlte keine Miete, ich verschuldete mich. Trotzdem ließ ich den Mietvertrag für ihn laufen. Immerhin kann er umsonst wohnen, dachte ich, vielleicht lässt er mich einfach irgendwann in Ruhe.

Nach einiger Zeit zog er dann doch zu uns nach Rüsselsheim, es war einfach zu anstrengend allein mit den Kindern. In der Zwischenzeit waren meine Eltern und ich uns wieder nähergekommen, sie und mein Mann gingen sich jetzt einfach aus dem Weg. Wenn sie zu Besuch kamen, ging er. Irgendwie funktionierte das. Er nahm inzwischen jeden Tag Tramadol, ein Medikament, das sehr müde macht. Irgendwann schluckte er 10 bis 20 Tabletten am Tag, das sind 150 Euro pro Tag. Tagsüber schlief er nur noch und kümmerte sich gar nicht mehr um die Kinder. Am Familienleben nahm er praktisch nicht teil. Die Nächte verbrachte er draußen. Wo er sich rumtrieb, weiß ich nicht so genau. Auf jeden Fall wurde er immer wieder verurteilt wegen Diebstahls.

Während er im Gefängnis saß, beschloss ich, mich scheiden zu lassen. Ich hatte sogar schon einen Termin bei meiner Anwältin. 17 Jahre lang hatte ich ihm die Chance gegeben, sich zu ändern. Endlich hatte ich verstanden, dass das niemals passieren würde. Was wohl auch eine Rolle spielte: Als Ehrenamtliche hatte ich viel in der Flüchtlingshilfe ausgeholfen – und dort einen Mann aus Syrien kennengelernt. Wir verstanden uns gut, er half mir beim Tapezieren der Wohnung, spielte mit den Kindern und begleitete uns ins Schwimmbad. Wir haben viel gelacht, waren trinken und tanzen, ich hatte endlich wieder Spaß. Zuerst ging es nur ums Deutschlernen, irgendwann kamen wir uns näher. Er war nicht der Grund für die Trennung, aber er erinnerte mich daran, dass es auch nette Männer gab, die halfen und nicht nur schliefen. Ich erzählte ihm, ich hätte mich von meinem tablettenabhängigen Mann getrennt. Meine Kinder erzählten meinem Mann im Gefängnis, dass wir uns manchmal mit einigen Leuten, Männern, aus der Asylunterkunft trafen. Er vermutete sofort, ich würde ihn betrügen. Ich stritt es immer ab, aber er glaubte mir nicht.

Aus dem Urteil:
»Er fühlte sich gedemütigt und empfand eine große Hilflosigkeit, weil er im Gefängnis saß und nichts tun konnte. Der Angeklagte entschloss sich, dass er sich an seiner Frau rächen werde, wenn sich seine Befürchtungen, dass sie ihn betrogen haben könnte, bewahrheiten würden oder wenn sie sich tatsächlich von ihm würde trennen wolle. Dann, so schwor er sich, würde er ihr Gewalt antun und sie dadurch zwingen, endlich anzuerkennen, dass er Macht über sie besitzt und nicht umgekehrt.«

Am 13. September 2016 kam mein Mann aus dem Gefängnis frei. Eine Woche später, am 20. September, passierte es dann. Er zerstörte mein Leben.

Schon bei seiner Entlassung war er anders als jemals zuvor gewesen. Seine Augen hatten so komisch geglänzt, ich schob das auf den Entzug. Zwei Tage vor der Tat drohte er bei einem Streit mal wieder, mich umzubringen. Mein Nachbar T., dem ich davon erzählte, riet mir, ins Frauenhaus zu gehen. Er könne mich fahren. Tatsächlich packte ich eine Tasche mit den Pässen für mich und die Kinder, blieb dann aber doch. Irgendwas blockierte mich.

Aus dem Urteil:
»Der Angeklagte fand jedoch diese Tasche. Er schäumte vor Wut. Für ihn stand damit fest, dass seine Frau plante, ihn zu verlassen. Auch war er sicher, dass Nadja Yousfi ihn für einen anderen Mann verlassen wollte. Die Eifersucht und die Kränkung sowie seine Wut darüber, dass

Nadja Yousfi seine Drohungen offenbar nicht ernst genommen hatte, waren so gewaltig, dass sich der Angeklagte entschloss, sich an seiner Frau zu rächen.«

Als ich bemerkte, dass die Tasche und die Pässe verschwunden waren, war ich richtig verzweifelt. »Du musst mich nicht mehr umbringen«, sagte ich ihm, »ich mache das jetzt mit einer Überdosis Tabletten selber.« Ich sperrte mich im Bad ein, nahm ein paar Tabletten und hörte Musik, um mich abzulenken. Irgendwann bekam er es wohl mit der Angst zu tun und rief meine Familie an. Es war alles ein Riesentheater. Mein Bruder kam schließlich vorbei, ich machte die Tür auf und übergab mich vor den beiden. Schließlich hatte ich nie wirklich vor, Selbstmord zu begehen.

Als ich am übernächsten Tag morgens aufwachte und Kaffee machte, war er schon wach. Das war ungewöhnlich. Beim Frühstück erzählte meine Tochter mir, eine Lehrerin habe sie gefragt, ob sie zu Hause geschlagen würde. Ich rief sofort die Schule an, ich wolle mit der Direktorin sprechen und mich beschweren. Gegen 8.15 Uhr rief sie zurück und erzählte, meine Tochter habe sich schon häufiger auffällig verhalten. Ich erzählte ihr von meinem Mann, von seinem Aufenthalt im Gefängnis, das alles sei sehr belastend für die Kinder. »Aber jetzt wird alles besser«, sagte ich ihr. »Ich werde mich von meinem Mann trennen.« Was ich erst in der Gerichtsverhandlung erfahren habe: Er hat dieses Gespräch belauscht.

Aus dem Urteil:
»Diese Aussage traf den Angeklagten ins Mark ... Nun erzählte sie auch noch in der Schule ihrer Tochter, dass er im Gefängnis sitze, und machte gegenüber der Schulleitung allein ihn für die Probleme der Kinder verantwortlich. Und zu guter Letzt hatte er nun Gewissheit,

dass Nadja Yousfi ihn verlassen wollte, obwohl sie ihm am Vorabend noch etwas anderes erzählt hatte.«

Mein Mann fing wieder Streit an, wie so oft ging es um meine Schwester. Wir sollten unbedingt zu ihr, sofort. Ich weigerte mich. Hätte ich es doch nur getan, dann wäre ich später nicht in diesem blöden Zimmer gefangen gewesen! »Du willst nicht zu ihr? Dann wirst du sehen, was du davon hast!«, sagte er mit einem eiskalten Blick und ging. Ich sah zu, wie er zur Tankstelle schräg gegenüber tigerte, und schrieb meinem Nachbarn: *»Ich weiß nicht für was er ein[en] Benzin[k]anister [b]rauch[t] vielleicht will er mich killen ich nicht was er [vorhat] T. wenn mir was passiert weiß[t] du [B]escheid ok.«*

Dann rief ich eine Freundin an, um mich am Nachmittag mit ihr zum Kaffee zu verabreden, ich wollte mich ablenken. Auch zu ihr sagte ich: »Wenn ich dich nicht mehr anrufe, dann ruf die Polizei an.« Trotzdem blieb ich. Offenbar traute ich ihm so was doch nicht wirklich zu.

Als er zurückkam, breitete er in aller Ruhe eine dunkelblaue Plastikfolie auf dem Bett aus. »Was machst du da?«, fragte ich, und er antwortete: »Damit es keine Blutspritzer gibt.« Ich dachte, er macht ganz schön geschmacklose Scherze, redete auf ihn ein – auf einmal war da diese Machete. Ich habe diesen Mann nicht mehr erkannt. Er zögerte nicht, sondern holte direkt aus und zielte auf mein Gesicht. Ich schützte mich mit meinen Händen, spürte den Schmerz zunächst nicht, sah nur das Blut, überall. Drei Mal traf er mich am linken Arm. Ich schrie, bettelte, er solle aufhören. Da würgte er mich. Ob Sekunden oder Minuten, das kann ich nicht einschätzen. Kurz verlor ich das Bewusstsein, dann wachte ich wieder auf. Ich flehte ihn an. »Denk an die Kinder«, sagte ich. »Noch ist nichts passiert. Ich sag der Polizei, ich hab mir das selbst angetan.« Es war ihm egal. »Was passiert mit den Kindern, wenn ich tot bin und du im Gefängnis?«, versuchte ich es noch einmal. Dann wurde ich wieder ohnmächtig.

Als ich aufwachte, lag ich auf dem Bett, alles war wie im Film. Ich hatte keine Kraft mehr mich zu wehren. Also bettelte ich ihn an, ich wolle noch eine Zigarette rauchen, bevor ich sterbe. Darauf ließ er sich tatsächlich ein. Wir rauchten zusammen, ich hoffte, er würde sich in der Zwischenzeit beruhigen. Ich sollte mich täuschen. Bestimmt zehn Minuten bettelte ich um mein Leben, er hörte reglos zu. Auf einmal brachte er einen vollen Benzinkanister ins Zimmer und überschüttete mich mit der Flüssigkeit. Ich weinte, so brannte es in den Augen. Er solle aufhören, schrie ich, aber er schüttete einfach weiter. Dann drückte er mir ein Feuerzeug in die Hand und sagte ohne Erbarmen: »Entweder du zündest dich selbst an oder ich tue es!« Er war es dann, der die Flamme anzündete, mich schubste und die Tür zumachte. Das Zimmer stand in Sekunden komplett in Flammen. Und ich auch.

Ich wollte raus, schrie um mein Leben, doch er hielt die Tür zu. Nach einer gefühlten Ewigkeit öffnete er schließlich doch die Tür und warf eine Decke auf mich. Die Decke war aus Plastik, das in den Flammen und auf mir verbrannte, es machte alles noch viel schlimmer. Also schleppte er mich ins Badezimmer und brauste mich mit Wasser ab.

Als ich noch im Zimmer war, gab es eine Explosion, die Fensterscheiben flogen raus. Daraufhin hat wohl ein Passant den Notruf abgesetzt.

Aus dem Urteil:
»Nach der Demonstration seiner Macht und um erträglicher zu machen, was er getan hatte, sagte er zu ihr, dass alles ihre Schuld gewesen sei.«

Ich glaube, mein Mann half mir nur, weil in der Zwischenzeit die Feuerwehr eingetroffen war. Ein Feuerwehrmann schrie:

»Raus, raus, raus!«, und ich rief zurück, dass ich eine Decke bräuchte, ich sei nackt, alles sei verbrannt. Keine Ahnung, woher ich die Kraft dafür nahm. Ich erinnere mich, wie ich auf einer Liege in den Krankenwagen geschoben wurde. Dann ist alles schwarz.

Aus dem Urteil:
»Dabei erschien es dem Angeklagten durchaus willkommen, dass diese schwerwiegenden Verbrennungen nach seiner Vorstellung dazu führen würden, dass Nadja Yousfi – sofern sie es überleben würde – für den Rest ihres Lebens in einer solchen Weise entstellt wäre, dass sie kein Mann mehr zur Partnerin haben wollen würde. Für den Rest ihres Leben würde Nadja Yousfi jeden Tag daran erinnert werden, was er ihr immer gesagt, sie aber offenbar nicht geglaubt hatte: ›Ahmet verlässt man nicht!‹«

Ich war zwei Minuten klinisch tot. Und lag 53 Tage im Koma. Als ich aufwachte, konnte ich mich zunächst an nichts erinnern. Ich spürte nur, dass ich mich nicht bewegen konnte. Es fühlte sich an, als würde ich am Bett kleben. Meine Eltern kamen zu Besuch, keiner sagte mir, warum ich da so lag. Ich wurde beatmet und konnte nicht sprechen. Nach und nach kam die Erinnerung zurück. Allerdings hatte ich da noch keine Ahnung, wie ich aussah. Ich wusste, dass etwas nicht stimmte, weil eine Krankenschwester sich sträubte, mir einen Spiegel zu geben, als sie mir wegen einer Wunde die Haare am Kopf rasieren wollte. Ich bestand darauf, wollte eigentlich nur sehen, was sie mit meiner Frisur anstellt. Sie erbarmte sich schließlich und gab mir ihr Handy, damit ich mich in der Selfiekamera betrachten konnte. Und dann – Blackout. »Was zeigst du mir da? Wer ist das?«, fragte ich noch, dann weinte ich. Mit meinen Eltern und meiner

Schwester wollte ich erst einmal nicht mehr sprechen. Als der Arzt von all dem erfuhr, war er richtig sauer. Anscheinend sollte ich mich noch nicht sehen. Ich habe die Krankenschwester nie verraten.

Eines Tages kamen ein Staatsanwalt und ein Richter ins Krankenhaus, um mich zu vernehmen. Von der Machete hatte noch niemand etwas gehört. Mein Mann hatte sie gewaschen und zu Hause versteckt, doch die Polizei fand sie – und konnte Blutspuren von mir sicherstellen.

Im April 2017 konnte ich das Krankenhaus wieder verlassen. Ich habe lange gedacht, ich könnte nie wieder laufen. Stark war ich nur für die Kinder. Das Jugendamt wollte sie mir zwischenzeitlich wegnehmen. Die dachten, ich könne mich nicht kümmern, in meiner Situation. Aber wenn man mir die Kinder genommen hätte, dann hätten die mich auch gleich einschläfern können.

Nur mein ältester Sohn besuchte mich im Krankenhaus, ganz am Schluss. Den Kleineren wollte ich das nicht zumuten. Es war auch so furchtbar traumatisierend für sie. Nachdem meine Tochter mich wiedergesehen hatte, machte sie sich vor Angst in die Hose, mein Sohn und mein Bruder bekamen Albträume. Eigentlich konnte nach meinem Anblick niemand mehr ruhig schlafen.

Mein Mann hat bis zuletzt behauptet, er sei nicht schuld, es handele sich um einen tragischen Unfall – selbst noch, nachdem ich wieder aufgewacht war und die Wahrheit erzählen konnte. Seiner Version zufolge habe ich Benzin in dem Zimmer gehabt, um eine Fahrradkette zu ölen, und habe dabei geraucht. Von meiner Absicht, mich zu trennen, habe er nichts gewusst, deshalb habe er auch kein Motiv.

Meine Schwiegermutter glaubt ihm bis heute. Sie hat mir mehrere Hunderttausend Euro geboten, damit ich die Vorwürfe gegen ihn fallen lasse und aussage, ich hätte alles erfunden. Ich bin ja selbst Mutter und würde immer zu meinem Sohn stehen und ihn unterstützen, aber so was? Das geht nicht. Die haben nicht verstanden, dass meine Anzeige hier gar nicht entscheidend war. Er wollte mich umbringen. Da geht es um einen Mordversuch. Die Polizei hätte auch ohne meine Aussage ermittelt.

Zum Glück ist es jetzt vorbei. Das Gericht glaubte mir und verurteilte ihn zu einer Haftstrafe von 14 Jahren und sechs Monaten, wegen besonders schwerer Brandstiftung in Tateinheit mit schwerer Körperverletzung. Vom Straftatbestand Mord sei er zurückgetreten, hat das Gericht entschieden, weil er mir irgendwann eine Decke über den Kopf warf und mich mit Wasser abbrauste, um das Feuer zu löschen. Selbst wenn das Gericht ihn zu 20 oder 30 Jahren Haft verurteilt hätte, würde mich das Urteil nicht befriedigen, denn er hat mich verunstaltet. Ob er im Knast sitzt oder frei herumläuft – er hat mir etwas weggenommen, was mir keiner wiedergeben kann.

Ich habe Angst vor dem Tag, an dem er aus dem Gefängnis kommen wird. Dennoch versuche ich, jeden Tag bis dahin zu genießen. Ich verbringe möglichst viel Zeit mit meinen Kindern, wir sind gerne in der Natur, machen Picknicks. In meinem Leben gibt es jetzt auch eine neue Liebe. Wir kennen uns schon lange, weil er ein enger Freund meines Bruders ist. Er hat mich schon früher sehr gemocht und durch die Tat sind wir uns näher gekommen. Die ganze Zeit stand er an meiner Seite. Er sagt mir, dass meine Augen nach wie vor so schön sind, wie sie immer waren. Im November 2019 haben wir geheiratet – ich hoffe, wir werden ein schönes Leben haben.

Kapitel 3

Die Angehörigen: Wenn der Vater zum Täter und die Schwester zum Opfer wird

Vier Monate, nachdem ihre Schwester Larissa von ihrem eigenen Freund getötet worden war, gewürgt und dann ertränkt, brach Katrin Biber, heute 35, zusammen. Das war im Januar 2014. Das erste Weihnachten, das erste Silvester ohne Larissa waren überstanden. Zeit, sich zusammenzureißen, hatte Katrin Biber sich vorgenommen. Zeit, langsam wieder Freunde zu treffen, zur Uni zu gehen, einen Nebenjob zu suchen. Gleichzeitig spürte sie, wie wenig Verständnis sie für das Leben ihrer Freunde aufbrachte. Wenn sich jemand über eine schlechte Note an der Uni beschwerte oder jammerte, weil er schon wieder zugenommen hatte, ärgerte sich Katrin Biber über die Belanglosigkeit der Probleme. Wie banal war das alles im Vergleich zu ihrem eigenen Schicksal?

Damals trank sie viel Alkohol, das dämpfte die Gefühle und half beim Einschlafen. Knapp die Hälfte ihrer Haare fielen einfach aus. Die kahlen Stellen verdeckte sie mit einer Mütze. Ihre Neurodermitis kam nach zehn Jahren zurück, ihre Periode blieb acht Monate aus. Sie entwickelte Panikattacken, dachte viel über den eigenen Tod nach. Immer wieder erschien ihr im Traum der leblose Körper ihrer Schwester.

Eines Abends im Januar, sie war vorher mit Freunden im Kino gewesen, zog sich plötzlich ihr Herz zusammen. Der Schmerz war so stark, dass sie in die Knie gehen musste, er fühlte sich an wie ein Herzinfarkt. Weil es einfach nicht besser wurde, griff Katrin Biber irgendwann nach einem Küchenmesser, sie wollte sich die Pulsadern aufschneiden, sterben, damit der Schmerz endlich aufhörte. Im letzten Moment schreckte sie zurück. Sie sah ihre anderen beiden Schwestern vor sich, dachte an schöne Momente, an das Leben vor der Katastrophe und erkannte, dass es sich lohnte weiterzuleben. Auch ohne Larissa. Für Anna und Mara.

Einen Angehörigen zu verlieren, dem man nahestand, ist immer schrecklich, egal ob er oder sie durch einen Unfall, eine Krankheit oder ein Verbrechen stirbt. Das besonders Traumatische an Femiziden ist aber, dass der Täter einem in der Regel ebenfalls nahesteht, weil er der Schwager, der Schwiegersohn oder der eigene Vater ist.

Wie es den Hinterbliebenen ergeht, dazu gibt es bislang nur wenige systematische Erkenntnisse. Erste Studien aus Deutschland und den Niederlanden beschäftigen sich mit dem Schicksal der Kinder, deren Mütter Opfer eines Femizids geworden sind. Man kann aber mit Menschen wie Katrin Biber sprechen oder mit Chris Hesse, 28, dessen Vater seine Mutter tötete. So unterschiedlich die Erfahrungen der beiden sind, eines haben sie gemeinsam: Sie haben es geschafft, den schweren Schicksalsschlag zu verarbeiten und sich wieder den guten Dingen des Lebens zu widmen. Und beide wollen über ihre Erfahrungen sprechen, um anderen Menschen in ähnlichen Situationen Mut zu machen. Katrin Biber hat daraus sogar einen Beruf gemacht, sie ist Autorin, arbeitet als Coach und gibt Workshops, in denen man lernt, wie man mithilfe von Bewegung und Sport Trauer verarbeiten kann.

»Hey, Katrin, weißt du, wo die Larissa ist?«

Der Tag, an dem Katrin Biber nach vier Wochen Reha wegen eines Skiunfalls zum ersten Mal wieder mit Freunden ausging, Alkohol trank, tanzte, der Tag, an dem sie den neuen Freund ihrer kleinen Schwester Larissa kennenlernte, war auch der Tag, an dem sie Larissa zum letzten Mal sehen sollte. Freitag, der 13. September 2013.

Larissa Biber, damals 21 Jahre alt, kannte Dominik seit ein paar Wochen. Sie fand ihn toll, war aber verunsichert. Eigentlich wollte sie gemeinsam mit Katrin nach Wien ziehen und technische Physik studieren, ihre Lehre zur Werkstoffprüferin hatte sie gerade beendet.

Katrin Biber, damals 27 Jahre alt, hatte an diesem Freitag im September ein paar Freunde zu sich in die WG in Innsbruck zum »Vorglühen« eingeladen, später wollten sie tanzen gehen. Auch Larissa und Dominik kamen. Dominik trug ein Jeanshemd, eine vergoldete Armbanduhr und einen Ring im linken Ohr. Er lächelte, als er sich vorstellte, sein Händedruck war fest. »Netter Kerl«, dachte Katrin Biber. Und: »Schick, der junge Mann.« So erzählt sie es später im Gespräch. Und so steht es in dem Buch *Larissas Vermächtnis,* das sie über das Schicksal ihrer Schwester und die Auswirkungen ihres Mordes auf die Familie geschrieben hat.

Sie tranken viel in der Wohnung. Katrin Biber war den Alkohol nach vier Wochen Reha nicht mehr gewohnt, deshalb kann sie sich an ein bis zwei Stunden der Nacht nicht mehr genau erinnern. Sie weiß nicht, ob sie, wäre sie nüchtern gewesen, nicht doch gemerkt hätte, dass etwas zwischen Dominik und Larissa nicht stimmte, dass Dominik auf den zweiten Blick irgendwie seltsam war. Das sei »ein Fehler, der mir bis heute nachgeht«, sagt sie.

Später, auf dem Weg zur Party, unterhielt sich Larissa mit einem Freund ihrer Schwester, sie alberten rum. Unterwegs beschloss die Gruppe, einen Abstecher in ein Irish Pub zu machen. Dort unterhielt sich Katrin Biber gerade mit alten Freunden, als sich Larissa neben sie an die Bar setzte und weinte. Dominik sei »voll eifersüchtig« wegen eines anderen Mannes, mit dem sie geredet hatte. Katrin Biber hatte mitbekommen, dass Dominik immer schlechter gelaunt dreinschaute, hatte sich aber nichts weiter dabei gedacht. Sie bemerkte, dass er sie und ihre Schwester beobachtete. Auf einmal stürmte er raus. Larissa rannte ihm nach, Katrin rief sie zu, sie würden wohl nach Hause gehen.

Katrin Biber schrieb ihrer Schwester noch eine SMS, ob alles in Ordnung sei. »Ja, sicher«, antwortete Larissa und schickte ein gut gelauntes Emoji. Es sollte das letzte Lebenszeichen von ihr sein. Der Rest der Gruppe zog schließlich weiter zur Party in der Kongresshalle und tanzte die Nacht durch.

Als Katrin Biber am Samstagmorgen ziemlich verkatert aufwachte, sah sie, dass Dominik ihr bei Facebook geschrieben hatte: »Hey, Katrin, weiß[t] du, wo die Larissa ist? Sie ist gestern raus bei mir und hat alles bei mir gelassen und ist nicht zurückgekommen. Meld dich mal bei mir.« Sofort öffnete sie WhatsApp, checkte Larissas Profil. Sie war das letzte Mal um 4.39 Uhr online gewesen. Ihr Magen zog sich zusammen, sie spürte, wie sich Panik in ihr breitmachte. Sie rief ihre Schwestern und ihre Mutter an. Keiner hatte was von Larissa gehört. Das passte überhaupt nicht zu ihr. Am Telefon erzählte Dominik, wann er Larissa zum letzten Mal gesehen hatte. Seine Stimme war ruhig, aber er klang besorgt. Sie seien nach Hause gekommen, hätten sich noch mit seinem Mitbewohner und dessen Freundin unterhalten. Dann seien sie in sein Zimmer gegangen, hätten Sex gehabt. Danach sei er duschen gegangen. Als er zurückgekommen sei, habe sie gesagt, sie gehe kurz raus, sei gleich wieder da. Er habe gedacht, sie hole was aus dem Auto. Sie sei aber nie zurückgekehrt. Er sei davon ausgegangen, dass sie zu ihrer Schwester Katrin gegangen sei, und habe sich keine Sorgen gemacht. Als er am nächsten Morgen aufgewacht sei und immer noch nichts von ihr gehört hatte, habe er sich sofort gemeldet.

Katrin Biber schickte Larissa WhatsApp-Nachrichten, aber keine davon kam an. Hinter den Nachrichten wurde immer nur ein Häkchen angezeigt. Larissa würde niemals einfach so abhauen. Was aber könnte sonst passiert sein? Ein Unfall? Eine Entführung? Bei der Polizei sagte man ihr, man werde erst nach 48 Stunden tätig, sie solle mit der Vermisstenanzeige warten. Als sie Dominik davon erzählte, schrieb er ihr: »Ich mach mir wirklich Sorgen. Treffen wir uns morgen vielleicht, dann bring ich dir die Tasche? Die hat Larissa nämlich in der Wohnung gelassen. Fuck, hey. Ich weiß nicht, wie ich helfen kann.«

Um irgendetwas zu tun, bat Katrin Biber ihre Facebook-Freunde um Hilfe: »Hat irgendwer letzte Nacht nach zwei Uhr meine Schwester in Innsbruck beim Ausgehen gesehen? Oder heute irgendwo? Danke für jeden Hinweis!« Der Beitrag sollte mehr als 1000 Mal geteilt werden.

Am Sonntag schrieb ihr Dominik: »Ich kann und will nicht mehr. Ich denke die ganze Zeit an Larissa und was mit ihr passiert sein muss.« Gemeinsam mit ihrer Schwester Mara und zwei Freunden fuhr Katrin Biber am Sonntagabend schließlich zu Dominiks Wohnung. Immerhin war er der letzte Mensch, der sie gesehen hatte. In seinem Zimmer fiel ihr auf, dass seine Bettdecke und sein Kissen ohne Bezug auf dem Bett lagen. Sie sprach ihn darauf an, er hatte eine simple Erklärung parat: Es sei eben Waschtag.

Weil Larissa weiterhin einfach nicht auftauchte, zeigte sich endlich auch die Polizei alarmiert. Die Handyortung ergab, dass Larissas Handy das letzte Signal in einem Umkreis von einem Kilometer um Dominiks Wohnung gesendet hatte. Gleich um die Ecke verlief der Fluss Inn. Feuerwehr und Wasserrettung machten sich auf die Suche. Dominik war ewig nicht erreichbar – wie sich später herausstellte, weil er den ganzen Tag in einem Erlebnisschwimmbad verbracht hatte.

Weil er als letzte Person Kontakt zu Larissa gehabt hatte, galt er als verdächtig. Das machte ihm Angst, schrieb er Katrin Biber. Er hatte anfangs bei der Suche geholfen, aber der Facebook-Post hatte sich seitdem verselbstständigt. Es häuften sich die Kommentare von Fremden, die schrieben, er sage bestimmt nicht die Wahrheit. Deshalb – zumindest glaubte Katrin das zu jenem Zeitpunkt – zog er sich zurück. Sie versuchte, ihn zu beruhigen, die beiden redeten jeden Tag. Sie dachte damals, Larissa sei bestimmt betrunken in den Inn gestürzt und dann ertrunken. Dass Dominik etwas damit zu tun haben könnte, konnte sie sich nicht vorstellen.

Elf Tage, nachdem Larissa verschwunden war, drei Tage, bevor Dominik ein Geständnis ablegen sollte, schrieb er Katrin Biber eine letzte Nachricht: »Hallo Katrin … gibt es was Neues bei dir? Gestern bin ich … bedroht worden und hab eine Aussage gemacht bei der Polizei. Eine echt fiese Geschichte, die von der Nase rausgelogen ist. Vielleicht weißt du es schon, und die Polizei weiß schon Bescheid. Bitte sag das keinem, der es nicht wissen soll, weil die Gerüchte, die hier grad so rumgehen, sind echt krass.«

Nun, die Gerüchte würden sich als wahr herausstellen, Dominik würde gestehen. Er hatte Larissa erwürgt und den toten Körper im Inn entsorgt. Die Familie Biber erfuhr all das von einem Kriseninterventionsteam, nur Minuten, bevor die Nachricht an die Medien ging und sich Katrin Bibers Postfach mit Beileidsbekundungen füllte.

Die ganze Familie fand sich wenig später in einem Besprechungszimmer einer Polizeiwache zusammen. Hier würden sie die Details erfahren, wie Larissa gestorben war. Ihr sei furchtbar übel geworden, erzählt Katrin Biber. Heute glaubt sie, es wäre besser gewesen, darauf zu verzichten. Sich das alles nicht anzuhören, nicht bis heute die Bilder im Kopf zu haben.

Die Version von Dominik geht so: Als er und Larissa zu Hause waren, fragte er sie, ob sie fremdgegangen war. Er war eifersüchtig auf den Mann, mit dem sie früher am Abend geredet hatte. Larissa war angetrunken, kicherte, stritt die Vorwürfe aber ab. Das machte ihn so wütend, dass er Larissa würgte, bis sie bewusstlos wurde. Als sie plötzlich wieder anfing zu röcheln, schüttete er ihr Bodylotion in den Hals, bis sie erstickte. Er packte ihren leblosen Körper und ihre Sachen – Kleidung, Handtasche – in ein Laken und verfrachtete alles zuerst in den Aufzug und dann in den Kofferraum seines Autos. Damit fuhr er an eine Sandbank am Inn ganz in der Nähe und warf Larissa dort in den Fluss. Als er wegfahren wollte, merkte er, dass er im Sand stecken geblieben war. Letztlich war es ein Anruf, der Dominik überführte. Denn er musste einen Abschleppdienst rufen. Dem erzählte er, er hätte da unten Sex mit seiner Freundin gehabt, die sei aber schon gegangen und er müsse jetzt das Auto wieder rauskriegen. Anschließend löschte er den Anruf auf seinem Handy, die Polizei konnte ihn aber zurückverfolgen. Als Beamte daraufhin seine Wohnung stürmten, gab er alles zu.

Nur die Leiche fehlte noch immer, sie war offenbar weggespült worden. Es sollte weitere zwei Wochen dauern, bis sie gefunden wurde. Damit starb für Katrin Biber der letzte Funken Hoffnung, aber gleichzeitig war sie erleichtert. Ein Körper bedeutete, dass eine richtige Beerdigung und damit ein echter Abschluss mit dem schlimmsten Kapitel ihres Lebens stattfinden konnte.

Dominik sollte mehrere Monate später zu 20 Jahren Freiheitsstrafe verurteilt werden. Die Gerichtspsychiaterin sagte im Prozess, es sei ein Zufall gewesen, dass es Larissa getroffen habe. »Es hätte auch jede andere [Frau] sein können.« Sie sei einfach gerade da gewesen, als den Angeklagten die aufgestaute Wut auf alle undankbaren Frauen überkam, die ihn vermeintlich nicht zu schätzen wussten. Er habe wegen seines desolaten Elternhauses eine Beziehungssucht, aber keine Ahnung, wie eine Beziehung überhaupt funktioniert. Die Psychiaterin empfahl wegen der Persönlichkeitsstörung seine Einweisung in eine geschlossene Psychiatrie.

»Mama ist tot. Komm schnell nach Hause!«

Chris Hesse erfuhr am Morgen des 6. Oktober 2011, dass seine Mutter tot war. Und dass er selbst als Tatverdächtiger galt. Damals war er 18 und gerade zur Bundeswehr gegangen, er übernachtete meistens in der Kaserne. Seine Schwester, sieben Jahre älter, rief an, das tat sie sonst nur selten, und sagte unter Tränen: »Mama ist tot. Komm schnell nach Hause!« Dann legte sie auf. Chris Hesse war überfordert, er verstand nichts und wollte sich ordnungsgemäß vom Dienst abmelden, als sein Vorgesetzter sagte: »Wir sind informiert. Die Polizei holt Sie ab.« Wenig später saß er im Polizeiauto, noch immer völlig planlos. Die Beamten wollten ihm zuerst nicht sagen, was genau passiert war, aber er bestand darauf. Also erfuhr er auf dem Rücksitz eines Polizeiwagens, dass seine Mutter von seinem eigenen Vater mit einem Hammer erschlagen worden war. Ein Nachbar behauptete, Chris Hesse abends in der Wohnung der Eltern gesehen zu haben. Deshalb galt er als verdächtig, irgendetwas damit zu tun zu haben. Die Sache klärte sich relativ schnell auf, nach wenigen Stunden auf dem Polizeirevier durfte Chris Hesse nach Hause, denn seine Kameraden konnten bestätigen, dass er die Nacht in der Kaserne verbracht hatte.

Wenn Chris Hesse heute davon erzählt, in seiner Wohnung in Oldenburg, klingt es ein bisschen so, als wäre nicht ihm das alles vor neun Jahren passiert, sondern einem anderen, so wenig emotional involviert scheint er. Er ist immer noch bei der Bundeswehr, war lange beim Heer, beim Auslandseinsatz in

Afghanistan, und macht gerade eine Fachweiterbildung, um später als Assistent im OP zu arbeiten.

Damals erwarteten ihn seine Schwester, seine Oma mütterlicherseits und eine Cousine in der Wohnung in Vienenburg, einem kleinen Ort bei Goslar. Erst dort erfuhr er, dass sein Vater die Mutter in Chris Hesses eigenem Zimmer erschlagen hatte, auf seinem Sofa. Als seine Mutter sich nicht mehr bewegte, hatte der Vater sie an den Beinen die Treppe hinuntergeschleift und im Garten abgelegt. Dort hatte sie ein Nachbar am nächsten Morgen entdeckt. Eine Woche vorher hatte sie verkündet, sich trennen zu wollen. Endlich, nach mehr als 20 Jahren voller Streit, Gewalt und Psychoterror. Wieso sie nicht gleich ausgezogen war, sondern stattdessen im Zimmer ihres Sohnes schlief, ist unklar. Chris Hesse glaubt, dass sie zu viel Angst hatte.

Noch am selben Tag nahm er Abschied von seiner Mutter oder besser gesagt von dem, was er von ihr sah: Hände und Füße. Der Rest ihres leblosen Körpers war von einem weißen Tuch verdeckt. Man wollte ihm den schrecklichen Anblick ersparen.

Chris Hesse schlief nie wieder in der Wohnung, ging stattdessen zurück in die Kaserne. Die Welt nahm er nur noch durch einen Tunnel wahr, irgendwie funktionierte er. Drei Tage später sah er sich die Fotos vom Tatort an, das ganze Blut im Flur der Wohnung, in der er mit den Eltern aufgewachsen war. Da verstand er, dass er vor einem großen Nichts stand, nicht mehr aufwachen würde aus diesem Albtraum: »Meine Mutter ist tot. Mein Vater war's. Ich bin 18 und hab im Leben noch nichts gerissen.«

Die hinterbliebenen Kinder

Bei vielen Femiziden haben Täter und Opfer gemeinsame Kinder, die noch minderjährig sind. Viele sind zu klein, um zu verstehen, was passiert ist, aber groß genug, um von den Ereignissen traumatisiert zu sein. Weil sie minderjährig sind, können sie nicht wie Chris Hesse selbst entscheiden, wie ihr Leben weitergeht, sondern sind auf die Unterstützung und Betreuung von Jugendämtern und Familienmitgliedern angewiesen.

Um wie viele Personen es in Deutschland geht, weiß man nicht. Es gibt keine Zahlen. Man kann aber in das Nachbarland Niederlande schauen, um wenigstens einige Eckdaten über die hinterbliebenen Kinder von Femizidopfern zu erfahren. In einer umfassenden Studie der Universität Utrecht aus dem Jahr 2017 werteten Wissenschaftler:innen alle Intimizide aus, das heißt alle Tötungen im Rahmen einer Partnerschaft, die zwischen 2003 und 2012 in den Niederlanden stattgefunden haben. Die Daten mussten sie selbst beschaffen, über Anfragen bei Justiz und Sozialbehörden sowie Zeitungsartikel. Sie kamen auf insgesamt 137 Partnertötungen, bei denen 256 Kinder ein Elternteil verloren. In den überwiegenden Fällen war es die Mutter, die starb (87 Prozent). Die Kinder waren zur Tatzeit im Schnitt sieben Jahre alt, mehr als die Hälfte waren währenddessen im Haus oder in der Wohnung, ein Teil davon beobachtete die Tat sogar oder sah hinterher die Leiche des Elternteils. Auch wenn die Wissenschaftler:innen die Folgen nicht untersucht haben, kann man davon ausgehen, dass die Mehrheit der überlebenden Kinder traumatisiert ist.

Ein weiteres Ergebnis der Studie: Obwohl die meisten Kinder (mehr als 80 Prozent) schon vor der Tat selbst Gewalt erlebt hatten, war knapp die Hälfte dieser Kinder (43 Prozent) niemals in Kontakt mit dem Jugend- oder Sozialamt gewesen. In all diesen Fällen gab es also keine Behörde, die einen Einblick in die familiäre Situation hatte, die wusste, was in der Familie vor sich ging. Auch im Fall von Chris Hesses Familie gab es nie Kontakt zum Jugendamt, seine Mutter hatte nie die Polizei gerufen, um sich und ihre Kinder vor dem gewalttätigen Ehemann zu schützen.

Für Deutschland existiert lediglich eine explorative Studie – also eher eine Sammlung ausgewerteter Interviews –, in der untersucht wurde, wie es betroffenen Kindern und Jugendlichen unmittelbar nach der Tat und später im Leben ergeht. Ziel war es außerdem herauszufinden, was den betroffenen Kindern und Jugendlichen geholfen hat und welche Konsequenzen sich daraus für die Jugendhilfe ableiten lassen. Dafür haben Susanne Heynen, inzwischen Leiterin des Jugendamtes Stuttgart, und Alexandra Schmidt mit 13 Personen gesprochen, in deren Familien es zu einem Tötungsdelikt gekommen ist. Viele davon waren Femizide, in einigen Fällen hatte aber auch die Mutter den Vater getötet. Man kann aus diesen Interviews mehr über die Erfahrung der hinterbliebenen Kinder nach einem Femizid lernen, denn die Grundkonstellation ist dieselbe: Eine Bezugsperson ist das Opfer, eine andere der Täter.

Die Befragten waren zur Tatzeit Babys, Kinder oder Jugendliche. In den meisten Fällen war auch hier die Mutter der Befragten das Todesopfer, fast immer stand die Tat in Zusammenhang mit der Trennung der Mutter vom Vater: Entweder wollte sie sich trennen oder hatte es bereits getan. In zwei Fällen hatte die Mutter sich von ihrem Partner und Vater der Kinder trennen wollen und tötete ihn in »hochstrittigen Situationen«.

In der häufigsten Konstellation – Mutter tot, Vater in Untersuchungshaft – mussten die Kinder anderswo untergebracht und betreut werden. Auf lange Sicht blieben sie entweder bei anderen Familienmitgliedern – Onkel, Tanten, den Großeltern – oder zogen zu fremden Pflegefamilien. Die wenigen Gespräche mit Behörden wurden von den Kindern und Jugendlichen damals eher als Kontrolle und nicht als Hilfsangebot empfunden.

Laut der Erinnerung der Befragten wurden ihre erwachsenen Angehörigen dabei weitgehend alleine gelassen, obwohl sie in der Regel selbst traumatisiert waren. Sie hatten selbst eine Schwester oder Tochter verloren oder mussten mit der Gewissheit leben, einen Bruder oder Sohn zu haben, der seine (Ex-)Partnerin getötet hat. Trotzdem erinnert sich keine:r der Interviewten an eine ausführliche Beratung durch das Jugendamt oder anderes Fachpersonal wie soziale Dienste.

Wenig überraschend also, dass ein Teil die Traumata nicht gut verarbeiten konnte. Ein Drittel berichtete, bis in die Gegenwart unter geringem Selbstwertgefühl zu leiden und kein besonders großes Vertrauen zu Menschen und in die Welt zu haben. Zudem litten fast alle interviewten Personen zu irgendeinem Zeitpunkt in der Vergangenheit – in einigen Fällen bis zur Gegenwart – unter Schuldgefühlen. Viele glaubten lange, eine Mitschuld an der Tat zu haben – oder dass sie den Tod des Elternteils hätten verhindern können. Einer Person wurden in der Familie sogar explizit Vorwürfe gemacht: »Du bist schuld daran, dass das passiert ist.« Insgesamt war also die Betreuung und Begleitung der Kinder nach den traumatischen Ereignissen oft nicht ausreichend.

Schuldgefühle

Chris Hesse war zur Tatzeit gerade erwachsen. Doch womöglich ist es Zufall, dass sein Vater in dieser Nacht seine Frau tötete und nicht fünf Jahre früher oder später. »Wenn ich noch minderjährig gewesen und nicht mehr zu Hause hätte aufwachsen können, hätte ich das alles noch schlechter verkraftet«, sagt Chris Hesse rückblickend. Er hätte seinem Vater so eine Tat niemals zugetraut. Dass seine Mutter unter dem Vater litt, wusste er schon immer. Seine erste Kindheitserinnerung hat mit Gewalt zu tun. Seine Eltern stritten gerade, als der Vater der sitzenden Mutter auf einmal von oben mit voller Wucht ins Gesicht schlug.

Solange sich Chris Hesse erinnern kann, kam sein Vater drei- bis viermal die Woche betrunken nach Hause. Arbeit hatte er nie lange, stattdessen verbrachte er die Tage und die Abende im Schrebergarten, mit seinen Kumpels und seiner Kaninchenzucht. Er hatte sicher 60 bis 70 Stück, ein teures Hobby. Wenn er nach Hause kam, unterstellte er seiner Frau irgendwas, mal war sie angeblich fremdgegangen, mal hatte sie sein Geld ausgegeben. Manchmal schlug er sie. Die Mutter arbeitete nicht und kümmerte sich um ihre Kinder, die Familie lebte von Sozialhilfe und der finanziellen Unterstützung der Großmutter.

Als Kind lag Chris Hesse oft nachts wach, weil er die Eltern streiten hörte und Angst um seine Mutter hatte. Einmal, da war er vielleicht acht Jahre alt, ging er dazwischen – und wurde von seinem Vater durch das halbe Wohnzimmer geworfen. Später ging der Vater auch auf ihn los, beschimpfte ihn und bewarf ihn mit einem Schuh oder einem Aschenbecher. Wie oft, wie hart der Vater die Mutter schlug, weiß Chris Hesse nicht. Aber er sah immer wieder, wie seine Mutter sich morgens Voltaren-Verbände um den Oberkörper wickelte, weil ihre »Rippen wehtaten«, wie sie sagte. Chris Hesse fragte seine Mutter, warum der Vater ihr das antat, aber sie hatte keine Antwort. Er sagte seiner Oma, was bei ihm zu Hause los war, doch es führte zu nichts. Als sie bei ihrer Tochter nachfragte, sagte die nur: »Da ist nichts, der Junge spinnt!«

Trotzdem ging er immer wieder dazwischen, wenn sein Vater auf die Mutter losging. Einmal, er war inzwischen stärker geworden, war er es, der den Vater zu Boden warf. Die Mutter sagte nur: »Lass, Junge.« Auch später, wenn er sie fragte, warum sie sich nicht scheiden ließ, immer wieder, sagte sie nur: »Warum denn?« und ging nicht weiter darauf ein. Sein Vater fasste ihn danach nicht mehr an.

Heute weiß Chris Hesse, dass er nicht die Macht hatte, den Tod seiner Mutter zu verhindern. »Die einzige Person, die die Chance dazu hatte, war meine Mutter selbst. Und die hat sie nicht genutzt.« Kurz nach der Tat sah er das anders. Immer wieder fragte er sich in den ersten Tagen und Wochen, was gewesen wäre, wenn er zu Hause geschlafen hätte. Wäre seine Mutter noch am Leben? Hätte er sie retten können? Wäre er das zweite Opfer seines Vaters gewesen? Oder wäre es nur eine Frage der Zeit gewesen, bis sein Vater eine andere Gelegenheit bekommen hätte, seine Frau zu töten?

Immer und immer wieder sprach Chris Hesse mit seinem Zimmerkameraden, er machte insgesamt zwei Therapien. Denen sei es zu verdanken, glaubt er, dass es ihm heute so gut gehe. Dass er so vernünftige Dinge sagt wie: »Ich bin nicht verantwortlich für das, was passiert ist. Ich bin verantwortlich für meine Patienten bei der Arbeit, meine Beziehung, später mal für meine Familie. Für sonst nichts.«

Auch Katrin Biber litt lange unter Schuldgefühlen oder »Schuldgedanken«, wie sie sie nennt. Schließlich seien es Gedanken, die dazu führten, dass man sich traurig und hilflos fühle. Zum ersten Mal kamen ihr diese Gedanken, als sie sich mit ihrer Familie auf die Suche nach Larissa machte, zwei Tage nach ihrem Verschwinden. Sie war es, die Larissa als Letzte aus der Familie lebend gesehen hatte, sie hatte sie gehen lassen. Und dann machte ihre Schwester Anna ihr auch noch Vorwürfe. Schließlich war sie diejenige gewesen, die Larissa vom Online-Dating überzeugt hatte, und wer weiß, ob dieser neue Freund nicht etwas damit zu tun hatte. Katrin Biber konnte sich das damals nicht vorstellen, sie hatte Dominik doch selbst kennengelernt.

Katrin Bibers Zustand verschlimmerte sich drastisch nach dem Geständnis des Täters. Hatte sie als große Schwester versagt? In ihrem Buch erinnert sie sich an die Gedanken von damals: »Ich habe sie gehen lassen, sie losgelassen in ihrer letzten Nacht. Ich hätte sie festhalten müssen, sie bei mir schlafen lassen und nicht bei ihm. Ich bin schuld, ich ganz alleine.« Zu allem Unglück hatte Larissa sie um Rat gefragt, bevor sie Dominik zum ersten Mal getroffen habe. Er sei beim Schreiben immer so schnell eingeschnappt. Katrin hatte ihre kleine Schwester beruhigt, sie solle abwarten, den Mann in Ruhe kennenlernen.

Diese Schuldgefühle belasteten Katrin Biber noch lange. Es war ihre Therapeutin, die ihr schließlich Wege zeigte, mit dem Schmerz und den Selbstvorwürfen umzugehen. Katrin Biber begann, regelmäßig Sport zu machen. Und sie begann, ihrer Schwester in einem Notizbuch Briefe zu schreiben. So ging die Trauer zwar nicht weg, wurde aber erträglicher. Und irgendwann begann auch Katrin Biber zu verinnerlichen, dass sie es nicht hatte wissen können, was Larissa in dieser Nacht passieren würde.

Während dieser Zeit der Trauerverarbeitung wurde die ganze öffentliche Aufmerksamkeit, die der Fall erhielt, für Katrin Biber jedoch zum Fluch. Anfangs war sie gerührt über die große Anteilnahme, über die vielen Menschen, die bei der Suche nach Larissa halfen. Doch die Berichterstattung hörte nicht auf, auch als Larissa schließlich gefunden worden war. Ständig gab es News, Updates, ausführliche Texte über den Täter. Einmal saß Katrin Biber mit einer ihrer Schwestern beim Arzt im Wartezimmer, als es in den Nachrichten hieß: »Neues vom Fall Larissa.« Diese ständigen Erinnerungen hätten sie »zum Explodieren oder Erbrechen« gebracht. Selbst bei der Trauerfeier tauchten Fotografen auf. Die Familie hatte nicht die Kraft, gerichtlich dagegen vorzugehen. Im Nachhinein hätte sich Katrin Biber gewünscht, dass man ihre Schwester und ihr Leben häufiger ins Zentrum der Berichte gestellt hätte – und nicht den Täter. Diesen Wunsch hört man häufig von Familienangehörigen von Femizidopfern, dennoch passiert das in der Berichterstattung immer noch zu selten.

Ihre Schwestern und ihre Eltern hätten unterschiedlich lange gebraucht, um den Verlust von Larissa anzunehmen und zu akzeptieren, sagt Katrin Biber. Eine Schwester musste zwischenzeitlich psychiatrische Hilfe in Anspruch nehmen, bis es ihr wieder besser ging. Gemeinsam machten sie außerdem eine Familientherapie, in der viel Schmerz, viel Wut, viele Konflikte zutage traten.

Durch die Regelungen des Verbrechensopfergesetzes wurde der Zusammenhalt der Familie auf die Probe gestellt. In Österreich hat man, wenn man Opfer eines schweren Verbrechens geworden ist, unter Umständen Anspruch auf eine Art Schmerzensgeld, eine Einmalzahlung vom Staat. Bei Familie Biber wurde kein Pauschalbetrag festgelegt, sondern jedes Familienmitglied einzeln begutachtet, um zu ermessen, wie sehr Larissas Tod den Alltag ihrer Angehörigen beeinträchtigte. Katrin Biber bekam 4000 Euro zugesprochen. Im ersten Moment war sie schockiert: War das Leben ihrer Schwester so wenig wert? Dann fragte sie sich, welche Summe angemessen gewesen wäre, und konnte die Frage selbst nicht beantworten. Die schlimmere Nachricht für die Familie folgte später. Einer Schwester wurde zunächst gar nichts zugesprochen, da ihr Leben nicht beeinträchtigt sei. Erst nachdem sie in Revision gegangen war, bekam sie 2000 Euro zugesprochen. Für die Familie fühlte sich das so an, als würde die Trauer um Larissa bewertet werden. Wer mehr trauerte, bekam mehr Geld. »Skandalös« bezeichnet Katrin Biber diese Regelung.

In Deutschland gibt es mit dem Opferentschädigungsgesetz ein ähnliches Gesetz, das es Opfern von Gewalttaten ermöglicht, Entschädigungsansprüche geltend zu machen. Dieses wurde allerdings inzwischen reformiert und wird ab 2024 unter dem neuen Namen Soziales Entschädigungsrecht in Kraft treten. Mithilfe vereinfachter Verfahren sollen dann mehr Menschen davon profitieren können. Außerdem soll auch die Höhe der Entschädigungszahlungen steigen und nicht mehr wie bisher abhängig vom eigenen Einkommen oder Vermögen sein.

Heute, sieben Jahre nach Larissas gewaltsamem Tod, gehe es allen verhältnismäßig gut, sagt Katrin Biber. »Wir sind als Familie viel enger zusammengerückt.« Alle würden jetzt intensiver leben, schöne Dinge wie Urlaube nicht auf irgendeinen Zeitpunkt in der Zukunft verschieben, sondern sofort umsetzen. »Wir leben im Moment.«

Mein Vater, der Täter

Familie Biber hatte vor der Tat keinen Kontakt zu Larissas Täter. Aber wie geht man damit um, wenn der Täter, der die Mutter getötet hat, der eigene Vater ist? Die hinterbliebenen Kinder in Heynen und Schmidts Studie hatten zum Zeitpunkt der Interviews in der Regel keinen Kontakt zum Täter oder der Täterin. Zu früheren Zeitpunkten hatte es aber in allen Fällen eine Kontaktaufnahme gegeben. Einige Täter:innen hatten Briefe aus dem Gefängnis geschrieben, einige Kinder hatten das Elternteil sogar ab und zu im Gefängnis besucht. Eine Person war von Verwandten jahrelang gezwungen worden, den Vater zu besuchen. Andere berichten von anhaltend ambivalenten Gefühlen, betonen die guten Seiten des Täters, der »schöne Sachen« gemacht habe, mit ihnen gebastelt und gebaut habe, mit ihnen »in Urlaub gefahren« sei. Für viele war der Täter bis zur Tat einfach »auch jahrelang ein guter Papa«. Andererseits habe er einem die Mutter genommen. »Das ist halt einfach ein Konflikt, den ich wahrscheinlich auch in dreißig Jahren noch haben werde«, sagte eine Person.

Chris Hesse sah seinen Vater das erste Mal nach der Tat im Gericht wieder. Nachdem er ausgesagt hatte, richtete er das Wort an ihn: »Was kann man für ein Mensch sein, dass man anderen Menschen die Mutter einfach so aus den Händen reißt?«, fragte er. Der Vater habe nicht mal den Blick gehoben, er habe einfach nach unten auf seine in Handschellen liegenden Hände gestarrt. Am Ende wurde er im Mai 2012 wegen Mordes zu einer lebenslangen Haftstrafe verurteilt.

Seitdem hatte Chris Hesse nie wieder Kontakt zu ihm. Der Vater schrieb allerdings zig wirre Briefe an Chris Hesses Schwester – mal entschuldigte er sich, mal machte er die Mutter verantwortlich für das, was geschehen war. Die Familie beunruhigt, dass der Vater offenbar bereits seit 2018 regelmäßig Freigang hat. Es gibt Leute in dem 10 000-Einwohner-Ort, die ihn gesehen haben. Und ab und zu liegen Blumen auf dem Grab der Mutter, die weder Chris Hesse noch seine Schwester oder seine Großmutter dort hingelegt haben. Chris Hesse wohnt weit weg, aber die beiden Frauen wohnen noch immer in Vienenburg. Was wäre, wenn der Vater nach 15 Jahren freikäme und wieder in den Ort ziehen würde? Er wäre dann Ende 60. Würde er die Familie kontaktieren? Würde er ihnen womöglich etwas antun? Ein unerträglicher Gedanke.

Seit einiger Zeit lebt Chris Hesse mit seiner Freundin zusammen. In der Beziehung sei er der Ruhepol, sagt er. Angst, dass er selbst mal so werden könnte wie sein Vater, habe er nicht. Seine Schwester habe das alles weniger gut verkraftet. Er könne bis heute nicht ruhig mit ihr über die ganze Sache reden. Sie sei auch dagegen, dass er mit seiner, mit ihrer, Geschichte an die Öffentlichkeit gehe. »Aber ich will aufklären«, sagt er. »Ich will, dass man nicht mehr wegguckt.«

Protokoll 3

»Aus heutiger Sicht hätte ich mir früher Hilfe holen sollen.«

Rania Idrissi ist 38 Jahre alt, hat zwei Kinder und lebt irgendwo in Deutschland. Sie steht unter Polizeischutz. Ihr Mann Youssef Bennani kam zwar unmittelbar nach der Tat in Untersuchungshaft, aber die Behörden fürchten, dass sein Bruder oder sonst jemand aus seiner Familie Idrissi etwas antun könnte. Idrissi und die beiden Kinder halten sich an einem geheimen Ort versteckt. Nicht einmal ihre Anwältin weiß, wo sie sich aufhalten.*

Wir konnten deshalb nicht persönlich mit ihr sprechen. Aber wir konnten ihre Zeugenaussage vor dem Landgericht Düsseldorf verfolgen. Rania Idrissi hat zugestimmt, dass ihre Geschichte in diesem Buch veröffentlicht wird. Bei einem Treffen mit ihrer Anwältin hat sie zudem einen langen Fragenkatalog beantwortet und das hier abgedruckte Protokoll gelesen und freigegeben. Rania Idrissi will dazu beitragen, dass andere Frauen in ähnlichen Situationen schlauer handeln als sie, dass sie früher gehen und sich Hilfe von außen holen. Und sie hofft, dass deutsche Behörden die Ängste von Frauen vor ihren Partnern und Ex-Partnern wirklich ernst nehmen. Und so das Schlimmste verhindern.

Laut Anklageschrift soll ihr Mann versucht haben, sie zu töten, als er sie mit einem gefährlichen Werkzeug verletzte. Den Tod habe er billigend in Kauf genommen. Bevor Rania Idrissi am ersten Verhandlungstag im April 2020 vor dem Landgericht Düsseldorf ihre Aussage machte, sollte Youssef Bennani sich zu seiner Tat äußern. »Ich gebe zu, dass ich meine Frau verletzt habe. Es tut mir unendlich leid. Ich kann mir nicht erklären, wieso mein Verstand

---

* Rania Idrissi und ihr Mann heißen in Wirklichkeit anders. Um Rania Idrissi zu schützen, wurden einige Details, biografische Angaben und die Namen in diesem Protokoll geändert.

ausgesetzt hat. Wenn ich es rückgängig machen könnte, würde ich das tun«, setzte er an.

Als Idrissi den Raum betritt, schaut sie stur geradeaus, ihren Mann ignoriert sie. Sie setzt sich an den Tisch den Richtern gegenüber, ihre Anwältin nimmt neben ihr Platz. Direkt dahinter lassen sich zwei Personenschützer nieder, die sie in den Raum begleitet haben. Sie trägt Jeans, eine mintfarbene dünne Jacke, schwarze flache Schuhe. Dazu ein schwarzes Stirnband und einen dicken Schal. So verdeckt sie ihre Narben. Idrissi spricht Deutsch mit Akzent, ihr Vokabular ist elaboriert. Manchmal versteht sie Fragen nicht, klingt in ihrer Aussage aber immer selbstbewusst. Auf die Nachfragen eines Verteidigers ihres Mannes reagiert sie empört: »Jemand hat versucht, mich umzubringen. Ich habe nicht darauf geachtet.«

Ich bin in Algerien mit mehreren Geschwistern aufgewachsen, einige älter, einige jünger als ich. Ich war sportlich als Kind und half oft im Tante-Emma-Laden meines Vaters aus. Nach der Schule studierte ich Chemie und unterrichtete später an einer Schule.

Vor einigen Jahren wollte ich den Job wechseln und Polizistin werden. Die Prüfung fand in einer anderen Stadt statt, ich übernachtete dort bei einem Onkel. Die Frau dieses Onkels war die Tante von Youssef, so lernte ich meinen späteren Mann kennen. Er ist auch in Algerien geboren, aber deutscher Staatsbürger. Er hat früher als Chemielaborant gearbeitet, ein Chemiestudium hat er abgebrochen. Seit 2010 ist er arbeitslos, angeblich weil er depressiv ist. Er war in erster Ehe mit einer Deutschen verheiratet, die beiden haben fünf gemeinsame Kinder.

Der Heiratsantrag kam schnell, doch ich zögerte, bestand darauf, ihn erst richtig kennenzulernen. Mit ihm darüber zu sprechen, wie ich mir unser gemeinsames Leben vorstellte. Youssef beruhigte mich, er sei schließlich in Deutschland aufgewachsen, sei westlich und emanzipiert orientiert. Er versprach, dass ich in Deutschland mein Leben normal weiterführen könne. Wenn ich arbeiten wolle – gar kein Problem. Wir heirateten 2010 in Algerien, es war ein schönes Fest. Ein halbes Jahr später, 2011, zogen wir zusammen nach Deutschland, da war ich schon schwanger.

Es dauerte nicht lange, bis die Beleidigungen einsetzten. Ich nahm das nicht ernst. Es war offensichtlich, dass er seine Argumente nicht besonders gut in Worte fassen konnte und mir bei Diskussionen unterlegen war. Stattdessen wurde er laut, wenn er nicht mehr weiterwusste und sich in die Enge gedrängt fühlte. Zum ersten Mal handgreiflich wurde er nach einigen Jahren. Unser zweites Kind konnte noch nicht laufen. Youssef schubste mich gegen die Wand und spuckte mich an. Wieso er das tat und was ihn so wütend machte, daran erinnere ich mich nicht.

Gleichzeitig isolierte er mich nach und nach. Am Anfang telefonierte ich jede Woche mit meiner Familie, schließlich war ich zum ersten Mal so weit von ihnen entfernt. Doch mein Mann bestand darauf, bei den Telefonaten anwesend zu sein, er wollte alles hören, was ich oder meine Mutter oder mein Vater sagten. Eine unangenehme Situation. Deshalb rief ich immer seltener in Algerien an. Wenn ich ihn fragte, was das soll, sagte er nur Dinge wie: »Du bist mit mir zusammen. Wir sind jetzt eine Familie.«

Ich musste immer kämpfen. Das hat viel Kraft gekostet. Er stellte immer neue Regeln und Beschränkungen auf. Ein Handy besaß ich nicht, weil er es nicht wollte. Selbst die Nachbarn sollte ich nicht mehr grüßen. Wenn ich das infrage stellte oder mich einfach nicht daran hielt, wurde er aggressiv. Als ich einen Deutsch-Sprachkurs besuchte, verbot er mir, mit den anderen arabischen Frauen zu sprechen. Das wollte ich nicht einfach so hinnehmen. »Warum verlangst du das von mir?«, fragte ich. Er konnte es nicht erklären. Aber die

Antwort kannte ich auch so: Er wollte mich von allen anderen Leuten fernhalten. Wollte, dass ich zu Hause bleibe, meinen Mund halte und Kinder bekomme. Aber das hatten wir in Algerien nicht so vereinbart.

Mit der Unterstützung seiner Familie konnte ich nicht rechnen. Ich glaube, dass mein Mann sich so verhielt, weil seine Mutter ihn dazu erzogen hat. Mehrmals beschwerte ich mich bei ihr, sie wohnte im Haus nebenan. Doch sie sagte mir nur immer wieder, ich sei jetzt nun mal eine Ehefrau und müsse dem Ehemann gehorchen. Sie verlangte von all ihren Schwiegertöchtern, ihr Leben vor der Hochzeit komplett aufzugeben. Einmal sagte sie sogar: »Vergiss deine Familie.«

Irgendwann fragte ich sie, ob sie das auch von ihren eigenen Töchtern erwarte. »Nein«, hieß es dann. Die seien besser oder zumindest anders. Deshalb gelte das nicht für sie. Wieso meine Schwiegermutter so geworden ist? Sie hat selbst keine leichte Ehe, wurde betrogen und geschlagen – und ist trotzdem immer noch mit ihrem Mann zusammen. Schon ihr wurde von ihrer Familie eingetrichtert, sie müsse das aushalten, ertragen.

Mit der Zeit schlug Youssef immer häufiger und immer rücksichtsloser zu. Manchmal flüchtete ich zu einer Nachbarin im Haus gegenüber. Immer wieder sagte er Dinge wie: »Ich werde dich umbringen, wenn du nicht nach meinen Regeln lebst.« Oder: »Wenn du deinen Mund nicht hältst, bringe ich dich um. Dafür lande ich fünf Jahre im Gefängnis, dann bin ich wieder raus.« Das machte mir Angst, ich traute ihm so etwas zu. Und im Endeffekt sollte er recht behalten.

Trotzdem hoffte ich, er würde sich eines Tages ändern. Ich dachte, er käme wieder zur Vernunft und würde erkennen, dass es auf Dauer nicht so weitergehen könne. Und dass er wieder zu dem höflichen, freundlichen, offenen Mann werden würde, den ich in Algerien kennengelernt hatte.

Am 8. März 2019 schlug er mir im Streit mit der Faust gegen die Stirn und randalierte. Ich rief die Polizei. Selbst als die Beamten eintrafen, blieb er aggressiv, sie nahmen ihn in Gewahrsam. Zum ersten Mal erzählte ich der Polizei, was Youssef mir und meinen Kindern immer wieder antat: »Er schlägt die Kinder, bedroht, beschimpft, bespuckt und schlägt mich, er isoliert mich und droht, mein Gesicht kaputt zu machen.«

Die Beamten rieten mir, mir eine Anwältin zu nehmen. Sie vertritt mich jetzt auch als Nebenklägerin vor Gericht. Damals wurde ein Gewaltschutzverfahren eingeleitet. Drei Tage später verhängte das örtliche Amtsgericht eine einstweilige Anordnung, Youssef durfte mir in den nächsten sechs Monaten nicht näher als 50 Meter kommen, er wurde sechs Monate der Wohnung verwiesen. Er zog aus. Endlich war ich frei. Nicht mal kontaktieren durfte er mich. SMS durfte er mir lediglich schreiben, wenn es um die Kinder ging, also nur um Organisatorisches. Denn als Vater durfte er seine Kinder regelmäßig sehen. Ich hatte kein Recht darauf, sie ihm vorzuenthalten. Das Jugendamt legte fest, dass er die Kinder dreimal die Woche abholen durfte. Dienstags, donnerstags und samstags, jeweils ein paar Stunden. Genau das sollte mir zum Verhängnis werden.

Was ich nicht verhindern konnte: Youssef fragte die Kinder über mich aus. Was ich machte. Mit wem ich sprach. Mit wem ich mich traf. Ich erzählte dem Jugendamt davon, das deswegen einen Termin mit uns beiden vereinbarte. Bei diesem Treffen beleidigte Youssef mich wüst. Es wurde sehr deutlich, dass er mich immer noch kontrollieren wollte und sehr aggressiv auf mich reagierte. Doch das Jugendamt unternahm nichts weiter. Mein Wunsch auf das alleinige Sorgerecht wurde nicht befürwortet. Schließlich würden sich die Aggressionen nicht gegen die Kinder richten. Dass Kinder auch leiden, wenn sie Gewalt zwischen Elternteilen beobachten, spielte bei der Bewertung offenbar keine entscheidende Rolle.

Es gab lediglich klare Regeln, die mich schützen sollten, wenn mein Mann die Kinder abholte. Er sollte klingeln, ich die Kinder rausschicken. Beim Zurückbringen sollte es genauso laufen. Er sollte klingeln, die Kinder sollten alleine hoch zu mir in die Wohnung. Wir sollten uns nie begegnen. Das klappte zwei bis drei Monate, dann kam er nicht mehr. Über Umwege hörte ich, dass er im Juni zu seinen Eltern nach Algerien geflogen und von da nicht zurückgekehrt war. Mir sollte es recht sein. Ich rief meine Familie wieder häufiger an, unterhielt mich häufiger mit der Nachbarin im Haus gegenüber. Ich kaufte mir ein altes Auto und fühlte mich endlich wieder frei. Es schien doch noch alles gut zu werden.

Angst, Deutschland verlassen zu müssen, hatte ich nie. Noch war meine Aufenthaltsberechtigung an meinen Mann gekoppelt, aber in der Ausländerbehörde sagte man mir, wenn ich erst einen Job hätte, dürfe ich dauerhaft in Deutschland bleiben.

Im November 2019 schrieb Youssef mir ganz unvermittelt, er wolle die Kinder sehen. Er war also zurück in Deutschland. Er kam am 9. November, einem Samstag, um 14 Uhr, eine Stunde später als verabredet. Um 18 Uhr sollte er zurück sein, um 18.30 Uhr schrieb ich ihm. Ich machte mir Sorgen. Kurz vor 19 Uhr war er endlich zurück. Es klingelte, ich schaute aus dem Fenster, sah unsere Kinder und öffnete die Haustür. Womit ich nicht rechnete: Youssef kam dieses Mal mit nach oben.

Er stellte den Fuß in die Tür, bevor ich sie zuschlagen konnte, und sagte: »Du möchtest mich auslachen, weil du nicht zu mir zurückkommst.« Ich antwortete nicht, Youssef roch nach Alkohol. Dabei hatte er noch nie in meiner Gegenwart getrunken. Später wurden bei ihm 0,83 Promille festgestellt.

Er betrat die Wohnung, schloss die Tür hinter sich und sagte ganz ruhig: »Heute bringe ich dich um. Ich habe keine Angst vor der Polizei oder Gott.« Dann schlug er mir mit einer abgebrochenen braunen Bierflasche gegen die Schläfe. Ich versuchte, meinen Kopf mit den Händen zu schützen, aber er schlug immer wieder zu, traf meine Hände. Das Blut spritzte überall hin, auf die Tür, den weißen Schrank im Flur, auf den gekachelten Boden. Ich rannte ins Wohnzimmer, zum Balkon, öffnete die Balkontür, damit die Nachbarn meine Schreie hören könnte. »Hilfe! Hilfe! Hilfe!« Er folgte mir, schlug die Balkontür zu, zog mich zurück in die Wohnung. Inzwischen waren die Kinder aus ihren Zimmern gekommen und schrien.

Wie lange ich um mein Leben kämpfte, kann ich nicht einschätzen, auf jeden Fall klopfte es irgendwann – und einer meiner Söhne öffnete die Tür. Es waren die Nachbarn aus der Wohnung nebenan, zwei Frauen, ein Mann und zwei Jungs. Youssef ließ mich los, ich rannte hinaus – und ging sofort zu Boden. Die Frauen versuchten, die Blutung an der Schläfe zu stillen. Das Blut lief in Strömen aus meiner Kopfwunde. Wenig später wurde ich ohnmächtig und wachte erst im Krankenhaus wieder auf. Was währenddessen passierte, haben mir anschließend die Nachbarn erzählt. Sie waren es, die die Polizei und den Krankenwagen riefen.

Youssef trat vor die Tür, die linke Hand hatte er in der Hosentasche, mit der rechten Hand zeigte er auf mich und sagte mehrmals auf Arabisch: »Die Frau ist eine Nutte.« Er wiederholte den Satz auf Türkisch, offenbar, damit unsere türkischen Nachbarinnen und Nachbarn ihn auf jeden Fall ebenfalls verstünden. Einer fragte ihn, was er da getan habe. Youssef antwortete ruhig: »Ich habe die Kinder sieben Monate nicht gesehen. Ich wurde mit Lügen aus der Wohnung geschmissen.« Unsere Kinder waren auch draußen, sie sahen mich bewusstlos da liegen, einer meiner Söhne hatte wohl noch den Flaschenhals in der Hand. Youssef küsste ihn auf die Stirn, dann ging er nach unten vor die Haustür und wartete offenbar auf die Polizei. Eine Nachbarin beobachtete, wie er die Hände hob und »Hier bin ich!« rief, als die Sirenen zu hören waren.

Ich blieb neun Tage im Krankenhaus. Die Arterie an der Schläfe war zertrennt worden. Ich verlor viel Blut, es kam zu einem Blutdruckabfall, allein durch Abdrücken konnte die Blutung nicht gestillt werden; die Arterie musste genäht werden. Die Rechtsmedizinerin sagte vor Gericht, ohne schnelle Behandlung, ohne Not-OP, wäre ich in akuter Lebensgefahr gewesen. Hinzu kamen unzählige oberflächliche Verletzungen, ein geschwollenes und eingeblutetes Auge, der rechte Arm musste geschient, Sehne und Nerv am kleinen linken Finger genäht werden. Links kann ich die Hand bis heute nicht zur Faust ballen.

Um die Kinder zu schützen, wurden sie nicht vor Gericht angehört. Sie fragen viel, – dann erzähle ich ein bisschen, – gehen aber insgesamt ganz gut damit um. Sie sind ihren Vater ja nicht anders gewohnt. Einer meiner Söhne erzählte mir später, sein Vater habe die Flasche schon am Bahnhof kaputt gemacht und gesagt: »Ich bringe heute deine Mutter um. Sie hat mir Geld geklaut und ist mit einem anderen Mann zusammen.«

Ich bereue es, meinen Mann geheiratet zu haben. Ich hasse ihn nicht, will nur nie wieder etwas mit ihm zu tun haben. Aus heutiger Sicht hätte ich mir früher Hilfe holen sollen. Aber ich bin zuversichtlich, was die Zukunft angeht. Ich will endlich arbeiten und meine Kinder selbst ernähren. Dass ich das nicht in der Stadt tun kann, in der ich die letzten neun Jahre gelebt habe, in der auch Youssefs Eltern, sein Bruder und seine Schwester wohnen, ist klar. Aber mein Leben wird sich komplett verändern. Offenbar haben die Behörden Sorge, dass Youssefs Familie, vor allem sein Bruder, auf die Idee kommen könnte, Youssefs Werk zu vollenden. Deshalb müssen wir ins Zeugenschutzprogramm.

Weil Youssef Bennanis Familie die Aussage verweigerte, war der Prozess nach wenigen Tagen vorbei. Youssef Bennani wurde wegen gefährlicher Körperverletzung mit einem gefährlichen Werkzeug zu einer Freiheitsstrafe von vier Jahren und sechs Monaten verurteilt. Also weniger als die fünf Jahre, mit denen er im Streit mit Rania Idrissi gerechnet hatte.

Die Staatsanwaltschaft hatte fünf Jahre gefordert, Idrissis Anwältin sechs. Sie argumentierte, seiner Reue sei nicht zu trauen. Im Gegenteil, sie glaube, er habe eine gewisse Freiheitsstrafe von vornherein in Kauf genommen. Das Gericht sah das anders. Auch das Gericht glaubte zwar, dass er mit einem Tötungsvorsatz handelte. Es urteilte aber, dass dies nicht entscheidend sei, da Youssef Bennani schließlich von dieser Absicht zurückgetreten sei. Deshalb wurde eine Bestrafung wegen versuchten Totschlags ausgeschlossen. Das Gericht nahm Youssef Bennani seine Reue ab, sonst, so hieß es in der Urteilsverkündung, wäre man dem Antrag auf eine höhere Freiheitsstrafe gefolgt. Das Urteil ist inzwischen rechtskräftig.

Ende Mai wurde die Ehe von Rania Idrissi und Youssef Bennani geschieden, Idrissi hat inzwischen das alleinige Sorgerecht für ihre Kinder.

Kapitel 4

Zeit für eine neue Rechtsprechung

Es gibt einen Fall, der exemplarisch dafür steht, wie paradox Gerichte argumentieren, wenn sie Femizide verhandeln, den Fall von Marc-Michael und Juliet H. Die beiden lernten sich im Oktober 2006 an einer S-Bahn-Haltestelle kennen. Er war in Hamburg groß geworden, hatte sein Informatikstudium abgebrochen und arbeitete als Kundenberater in einem Callcenter. Juliet H., damals noch Juliet O., war einige Zeit vorher aus Ghana nach Deutschland gekommen. Die beiden tauschten Nummern aus, wurden schnell ein Paar, bereits nach einigen Monaten war Juliet H. schwanger. Nach der Geburt machte sie eine Ausbildung als Altenpflegerin und arbeitete anschließend in einem Seniorenheim.

Als der zweite Sohn einige Jahre später zur Welt kam, fand Marc-Michael H. durch Zufall heraus, dass seine Frau bereits zwei Kinder aus einer anderen Beziehung hatte, die in Ghana lebten. Es stand in ihrem Mutterpass. Das war für ihn nicht nur ein großer Vertrauensbruch, sondern er befürchtete auch, dass sie ihren anderen Kindern regelmäßig Geld schickte. Das machte ihn sehr wütend, denn das Geld war immer knapp. Es wurde deswegen viel gestritten. 2011 suchte sich Marc-Michael H. zusätzlich zu seiner normalen Arbeit einen Nebenjob im Lager eines Paketzustellers. Im selben Jahr nahm Juliet H. einen Kredit von 20 000 Euro auf, um damit die Beerdigung ihrer Großmutter in Ghana zu bezahlen.

Ihre ersten beiden Kinder kamen schließlich nach Deutschland, die ältere Tochter zog bei Juliet H. und ihrem Partner ein, der Sohn musste zu einem Verwandten, weil Marc-Michael H. darauf bestand, dass die 90-Quadratmeter-Wohnung zu klein für sechs Personen sei. Die Gefühle zwischen den beiden kühlten ab, Marc-Michael H. sprach vor Gericht von einer Art Zweckgemeinschaft. Umso verwunderlicher war es für das Umfeld, die Freunde, die Kinder, als Marc-Michael H. und Juliet O. im November 2016 heirateten, trotz all der Streitigkeiten. Eine Feier gab es nicht, ihr Aufenthaltsrecht war nicht etwa in Gefahr. Juliet H. hielt die Ehe sogar vor einem Teil ihrer Freunde und Verwandten geheim.

Diese Entscheidung machte das Zusammenleben der beiden nicht friedlicher, im Gegenteil. Sie stritten fast täglich, meist über Geld. Mindestens einmal schubste Marc-Michael H. sie dabei vor den Augen ihrer Tochter. Auch seine beiden eigenen Söhne schlug er, wenn er ihnen bei den Hausaufgaben half und sie die Antwort nicht wussten. Marc-Michael H. bestreitet das.

Am 4. Juli 2017 flüchtete sie mit ihren Kindern ins Frauenhaus. Sie wollte sich trennen, um die Kinder zu schützen. Einer ihrer Söhne war in der Zeit davor immer wieder verhaltensauffällig gewesen, war aggressiv, impulsiv. Außerdem entwickelte er eine Schluckstörung, wollte nichts mehr essen, verlor schnell an Gewicht. Er kam für sechs Wochen auf die psychosomatische Station eines Kinderkrankenhauses.

Trotzdem konnte Juliet H. ihrem Mann nicht vollständig aus dem Weg gehen, schließlich war er der Vater der gemeinsamen Kinder. Bei einem Streit im September 2017 – es ging um die Einschulung eines ihrer Söhne – schubste Marc-Michael H. seine Frau, schlug ihr ins Gesicht, gegen den Oberkörper, verletzte sie mit einem Elektroschocker und sagte, dass er sie umbringen wolle. Juliet H. konnte sich schließlich mit ihrem Sohn zu einer Nachbarin retten, ohne Schuhe und ohne Handtasche. Die Nachbarin rief dann die Polizei.

Einige Tage nach dem Angriff mit dem Elektroschocker untersagte das Familiengericht Marc-Michael H. zunächst, Kontakt mit seiner Ex-Partnerin aufzunehmen und sich ihr zu nähern. Später einigten sich die beiden darauf, dass er, zum Wohl seiner Kinder, bis auf Weiteres darauf verzichten würde, sie zu sehen. Marc-Michael H. empfand das als großen Verlust. Zudem musste er die geräumige Wohnung aufgeben, die er sich allein nicht leisten konnte. Die Schuld an seiner Situation gab er seiner Ex-Partnerin. Er wurde immer depressiver und war deshalb ab November 2017 knapp zwei Monate lang in einem Krankenhaus in stationärer psychiatrischer Behandlung, wenig später dann noch einmal drei Monate lang teilstationär. Während dieser Zeit war er fixiert auf den Konflikt mit seiner Ehefrau, malte sich immer wieder aus, sie zu töten. So steht es im Urteil.

Juliet H., die von seiner Erkrankung wusste, dachte hingegen, ihr Mann sei nach den Klinikaufenthalten geheilt. Sie erlaubte ihm wieder, die gemeinsamen Söhne zu sehen. Sogar die Spiele der Fußball-Weltmeisterschaft schauten sie zusammen in ihrer Wohnung an. Außerdem bat sie ihn, den Söhnen wieder bei den Hausaufgaben zu helfen. Sie wusste nicht, dass seine Gewaltfantasien nie aufgehört hatten. Von Juli bis September 2018 war Marc-Michael H. erneut in stationärer psychiatrischer Behandlung, freiwillig.

Etwa zwei Wochen vor der Tat, Ende November 2018, kam Marc-Michael H. zur Wohnung von Juliet H., um seine Kinder abzuholen. Aus unerfindlichen Gründen ging er durch die Wohnung und öffnete die Schlafzimmertür. Dort erblickte er einen langjährigen Freund der Familie, der neben Juliet H. im Bett lag. Er empfand das als Betrug und stellte seine Frau zur Rede. Diese sagte ihm, er sei schon lange nicht mehr mit ihr ins Bett gegangen. Sie sagte auch, er habe deshalb nichts im Schlafzimmer zu suchen und sei jetzt nicht mehr der Mann im Haus.

Etwa zur gleichen Zeit, möglicherweise am selben Tag, stahl Marc-Michael H. den Wohnungsschlüssel von Juliet H.s Tochter, die daraufhin dachte, sie habe ihn verloren.

Aus Sicht des Gerichts verstärkte die Erkenntnis, dass seine Frau einen neuen Partner hatte, dass sie ihr Glück in einer neuen Beziehung gefunden hatte, Marc-Michael H.s Hass und verleitete ihn schließlich dazu, seine lang gehegten Gewalt- und Tötungsfantasien in die Tat umzusetzen.

Am 5. Dezember 2018 machte sich Marc-Michael H. auf den Weg zu seiner Frau. Den gestohlenen Schlüssel sowie ein Klappmesser hatte er in der Tasche. Er kam früh an, gegen 7.20 Uhr, und versteckte sich in einer Nische im Flur schräg gegenüber der Wohnungstür. Doch die Kinder entdeckten ihn auf ihrem Weg zur Schule. Er begrüßte sie und betrat dann die Wohnung seiner Frau. Anstatt in den Fahrstuhl nach unten zu steigen, kam Juliet H.s ältester Sohn aber zurück, um seine Mutter zu warnen. Er glaube, Marc-Michael H. habe sich versteckt, erzählte er ihr beunruhigt. Doch Juliet H. nahm seine Warnung nicht ernst, lächelte, schickte ihn in die Schule und schloss die Tür. Ihr Ex-Partner war in den vergangenen Monaten nicht mehr gewalttätig gewesen, sie hatte folglich keinen Grund, sich Sorgen zu machen.

Laut eigener Aussage wollte Marc-Michael H. an diesem Tag sein I-Pad abholen, das er seinem Sohn eine Zeit lang überlassen hatte. Er war zu diesem Zeitpunkt bereits seit zwei Tagen krankgeschrieben und wollte sich das Finale der Schach-WM ansehen. Juliet H. bat ihn zu warten, sie wollte sich noch fertig machen. Marc-Michael H. wartete mindestens 20 Minuten im Wohnzimmer, dann ging er zu seiner Frau ins Schlafzimmer. Dort kam es laut seiner Aussage zu folgendem Streitgespräch: Juliet H. ärgerte sich, dass er ihr gefolgt war, sagte ihm wieder, dass er nicht mehr der Mann im Haus sei und deshalb auch nichts im Schlafzimmer zu suchen hätte. Er fragte sie, ob ihr neuer Partner, genannt Onkel S., gar kein Onkel sei oder ob sie mit ihren Verwandten schlafe. Daraufhin beleidigte sie ihn, warf ihm vor, kein richtiger Mann zu sein, und antwortete, dass nur schwarze Männer richtige Männer seien. Als sie den Raum verlassen wollte, berührte sie Marc-Michael H. leicht an der Schulter. Er verpasste ihr daraufhin einen Kinnhaken, dann stach er mit einem Klappmesser immer wieder auf sie ein. Juliet H. war wohl spätestens nach zwei Minuten tot. Der genaue Todeszeitpunkt ließ sich nicht ermitteln, sie starb irgendwann zwischen 8.12 Uhr und 10.52 Uhr in ihrem Schlafzimmer.

Ob es sich exakt so abgespielt hat, kann niemand mit absoluter Sicherheit sagen, Juliet H. lebt nicht mehr, sie kann ihre Version des Tathergangs nicht erzählen. Marc-Michael H. verwüstete anschließend das Zimmer, wusch sich die Hände, dann verließ er die Wohnung. Er aß unterwegs einen Burger und ging anschließend nach Hause. Dort zog er sich um. Am Nachmittag sah er sich in der Stadt den Film »Mamma Mia 2« an. Die Kinder fanden ihre Mutter nach der Schule leblos zu Hause vor und riefen die Polizei. Am Abend wurde Marc-Michael H. festgenommen. Bei der Vernehmung gestand er die Tat.

Und es war doch Mord

Ein geständiger Tatverdächtiger, der ein Klappmesser zum Treffen mit seiner Ex-Partnerin mitbringt und sie dann heimtückisch in der eigenen Wohnung ersticht – klarer Fall, so könnte man meinen. Doch der Prozess vor dem Hamburger Landgericht im Mai 2019 wurde von Protesten begleitet. Und das lag an der Staatsanwaltschaft. »Dem Angeklagten wird vorgeworfen, einen Menschen getötet zu haben, ohne Mörder zu sein«, verlas die Staatsanwaltschaft die Anklageschrift. Sie stufte die Tat also als Totschlag ein. Für die etwa 50 Protestierenden der

Bewegung »Keine Mehr« handelte es sich hingegen klar um einen Mord. Ein großer Unterschied.

Denn eine Verurteilung wegen Mordes bedeutet in Deutschland automatisch eine lebenslange Freiheitsstrafe von mindestens 15 Jahren, manchmal auch länger. Außerdem verjährt Mord nicht. Das heißt, selbst wenn jemand erst 40 Jahre später eines Mordes überführt wird, kann er noch verurteilt werden. Bei Totschlag geht das nach 20 Jahren nicht mehr. Die Hürden für eine solche Verurteilung sind dementsprechend hoch. Laut Paragraf 211 des Strafgesetzbuches (StGB) ist »Mörder, wer aus Mordlust, zur Befriedigung des Geschlechtstriebs, aus Habgier oder sonst aus niedrigen Beweggründen, heimtückisch oder grausam oder mit gemeingefährlichen Mitteln oder um eine andere Straftat zu ermöglichen oder zu verdecken, einen Menschen tötet«. Das sind die sogenannten Mordmerkmale. Mindestens eines davon muss für eine Verurteilung wegen Mordes erfüllt sein. Sonst greift Paragraf 212 des StGB, Totschlag. Dieser wird mit einer Freiheitsstrafe von mindestens fünf Jahren Haft bestraft. Jemand kann also theoretisch einen anderen Menschen töten und könnte unter bestimmten Umständen nach fünf Jahren im Gefängnis wieder freikommen.

Im Falle von Marc-Michael H. und Juliet H. argumentierte die Staatsanwaltschaft zunächst, dass das Merkmal der Heimtücke nicht erfüllt sei. Sie sei nicht »arglos« gewesen, als sie ihn in die Wohnung ließ. Schließlich war er vorher gegen sie und die Kinder gewalttätig geworden, sie war ins Frauenhaus geflohen. Deshalb habe sie mit einer erneuten Attacke rechnen müssen. Auch die anderen Mordmerkmale wie sonstige niedrige Beweggründe sah die Staatsanwaltschaft zunächst nicht als gegeben an.

Am 1. August 2019 verurteilte das Landgericht Hamburg Marc-Michael H. nach elf Hauptverhandlungstagen schließlich doch wegen Mordes – und nicht wegen Totschlags – zu einer lebenslangen Freiheitsstrafe. Das Urteil ist inzwischen rechtskräftig. Die Staatsanwaltschaft hatte am Ende selbst auf Mord plädiert. Das Gericht erklärte, es habe die Anklage wegen Totschlags zunächst auch deshalb zugelassen, weil es von der Möglichkeit ausging, Marc-Michael H. könne psychisch krank und vermindert schuldfähig sein. Doch der psychiatrische Gutachter schloss das aus. Marc-Michael sei depressiv und habe seine Frau für alles Schlechte in seinem Leben verantwortlich gemacht, habe aber nicht im Wahn gehandelt. Außerdem war er sonst sozial unauffällig, sowohl seine Vermieterin als auch seine Vorgesetzte beschrieben ihn als »freundlich« und »ruhig«.

Im schriftlichen Urteil führte das Gericht aus, wieso es die Tat schließlich als Mord wertete. Dafür wurde zunächst die Arglosigkeit von Juliet H. betont. Sie habe Mitleid mit ihrem Mann gehabt, habe die Warnung ihres Sohnes, Marc-Michael H. habe sich im Flur versteckt, nicht ernst genommen. Es gab laut Gericht »keinerlei Anhaltspunkte dafür, dass die Geschädigte sich am Tattag oder in den Wochen davor durch den Angeklagten bedroht gefühlt hat«. Sonst hätte sie ihn nicht ohne Weiteres in die Wohnung gelassen oder in der Zeit, in der er im Wohnzimmer wartete, per Telefon Hilfe rufen können. Deshalb hat Marc-Michael H. laut Gericht das Mordmerkmal der Heimtücke erfüllt. »Heimtückisch handelt, wer in feindlicher Willensrichtung die Arg- und Wehrlosigkeit des Opfers bewusst zur Tötung nutzt.« Juliet H. sei arg- und damit wehrlos gewesen. Andere Mordmerkmale wie niedrige Beweggründe lägen aber nicht vor, urteilte das Gericht.

An anderen Stellen zeigt die Argumentation Verständnis für den Täter. Der Angeklagte sei enorm verzweifelt gewesen, weil er seine Kinder nicht mehr so oft sehen konnte und »aufgrund seiner gesamten Lebenssituation«. Von der großen gemeinsamen Wohnung musste er in ein kleines Zimmer ziehen. Außerdem sei Juliet H. »mitverantwortlich für das Scheitern der Beziehung«, sie habe ihren Ex-Partner mehrfach hintergangen, habe ihm die Kinder in Ghana verschwiegen und mit einem anderen Mann betrogen. Das sei zwar kein Grund, einen anderen Menschen umzubringen, führe aber dazu, die Motivation des Angeklagten nicht »auf sittlich niedrigster Stufe anzusiedeln«. Das heißt: Wenn sich zwei Menschen uneinig sind, sich streiten und mit Worten verletzen – und der Mann die Frau aus Verzweiflung umbringt –, dann kann diese Vorgeschichte unter Umständen strafmildernd wirken. Das Gericht orientierte sich bei seiner Argumentation an einem Grundsatzurteil des Bundesgerichtshofs (BGH) aus dem Jahre 2008.

Ein Urteil mit Signalwirkung

Der BGH ist das oberste Gericht des Landes. Was hier entschieden wird, hat Auswirkungen auf die deutsche Rechtspraxis. Im Jahr 2008 sprach er ein Urteil über einen Femizid, auf das sich bis heute viele Landgerichte berufen – und das viele Jurist:innen und Aktivist:innen scharf kritisieren.

Ein Mann und eine Frau aus Nordrhein-Westfalen lernten sich kennen und verliebten sich, zu diesem Zeitpunkt war der Mann noch verheiratet. Trotzdem zogen die beiden schon nach einigen Wochen zusammen. Wenn sie stritten – und das war häufig der Fall –, bedrohte und beschimpfte er seine Freundin. Immer wieder trennten und versöhnten sie sich. Doch der Mann entwickelte eine immer größere Angst, seine Freundin könnte ihn irgendwann endgültig verlassen. Das wollte und konnte er nicht akzeptieren. Als sie wieder einmal getrennt waren, bedrohte er sogar die Eltern seiner ehemaligen Freundin. Ein Treffen zwischen ihm, ihr und seiner Noch-Ehefrau endete damit, dass er und die Ehefrau auf die Ex-Freundin einschlugen. Die Frau hatte danach panische Angst vor ihrem Ex-Freund und erstattete Anzeige; ein Gericht entschied nach dem

Gewaltschutzgesetz, dass er sich ihr sechs Monate lang nicht mehr nähern durfte.

In der Zeit kreisten seine Gedanken nur noch um die gescheiterte Beziehung, so steht es im BGH-Urteil. Er fühlte sich wie im Tunnel, schlief schlecht, aß kaum etwas. Am Tattag folgte er seiner Ex-Freundin nach der Arbeit. Er wollte sie zu einem klärenden Gespräch zwingen. Wieso er dafür ein Kampfmesser dabei hatte, ob er schon vorher die Absicht hatte, sie zu töten, konnte letztendlich nicht geklärt werden.

Die Frau fuhr nach der Arbeit zu ihrem neuen Freund. Als sie beim Einparken bemerkte, von wem sie verfolgt worden war, wollte sie sich ins Haus retten, doch ihr Ex-Freund stellte sich ihr in den Weg. Er hatte nichts von ihrer neuen Beziehung gewusst und wollte sie zur Rede stellen. So brach ein letzter großer Streit zwischen den beiden aus. Laut Schwurgericht »verlor der Angeklagte die Kontrolle über sich« und griff seine frühere Freundin an. Ihr neuer Freund kam hinzu und schlug mit einem Baseballschläger auf den Angreifer ein, später stellte sich heraus, dass er ihm dabei den linken Ellenbogen brach. Doch anstatt sich zurückzuziehen, griff der Mann auch den neuen Partner an, indem er ihm mit dem Messer ins Gesicht schnitt. Dann stach er immer wieder auf seine Ex-Freundin ein, sie starb noch vor Ort. Anschließend verletzte er auch sich selbst mit dem Messer, offenbar in der Absicht, sich zu töten; es bestand akute Lebensgefahr. Er konnte später im Krankenhaus versorgt und gerettet werden.

Der Femizid wurde zunächst vor dem Bonner Landgericht verhandelt. Das stellte fest, der Mann habe getötet, weil er sich nicht mit der Trennung abfinden wollte. Er wollte seiner Ex-Freundin kein »eigenes von ihm losgelöstes selbstbestimmtes Leben« zubilligen, »lieber sollte sie sterben«. Er habe aus »überzogenem Besitzdenken« getötet, ein besonders verwerfliches Tatmotiv, so das Gericht. Das Mordmerkmal der niedrigen Beweggründe sah es als erfüllt und verurteilte den Mann wegen Mordes an seiner Ex-Freundin und gefährlicher Körperverletzung an deren neuen Partner zu einer lebenslangen Freiheitsstrafe. Der Mann ging in Revision, um das Urteil anzufechten. Nun musste der BGH entscheiden.

Und der sah das anders. Nicht jeder, der seine (Ex-)Partnerin töte, tue das zwangsläufig aus niedrigen Beweggründen. Vielmehr könnten »Gefühle der Verzweiflung und inneren Ausweglosigkeit« für die Tat entscheidend sein, und das sei per se kein ausreichendes Mordmerkmal. Im Gegenteil: Die Tötung sei nicht als niedrig zu bewerten, wenn »die Trennung von dem Tatopfer ausgeht und der Angeklagte durch die Tat sich dessen beraubt, was er eigentlich nicht verlieren will«. Das bedeutet: Wenn sich eine Frau trennt und ihr Ex-Partner sie tötet, obwohl er sie eigentlich nicht verlieren will, also »aus Liebe«, dann ist das keine Tötung aus niedrigen Beweggründen, also kein Mord, sondern Totschlag. Das ist eine fatale Deutung. Das heißt, tötet jemand seine (Ex-)Partnerin aus Wut, aus Verzweiflung, aus Angst, seine Kinder nicht mehr sehen zu dürfen – verstehen wir seine Gefühle, dann liegen in einigen Fällen keine sonstigen niedrigen Beweggründe vor. Wenn dieses Mordmerkmal wegfällt, muss das Gericht eine Tat als heimtückisch bewerten, wenn es den Täter wegen Mordes verurteilen will. Niedrige Beweggründe sind nur gegeben, wenn jemand nach Ansicht des Gerichts aus Macht und Besitzanspruch handelt. Doch all das ist Auslegungssache. Ab wann ist etwas nicht mehr Wut, sondern Besitzanspruch? Muss der Täter den Besitzanspruch vorher explizit ausgesprochen haben (»Wenn ich dich nicht haben kann, dann auch kein anderer«) oder reicht es, wenn er vorher in der Beziehung besonders besitzergreifend, kontrollierend, eifersüchtig war? Und übt nicht jeder, der seine (Ex-)Partnerin tötet, de facto die maximale Macht über die Frau aus?

Der Deutsche Juristinnenbund e.V. mahnt schon lange an, dass »Trennungstötungen« in Deutschland nicht milder bestraft werden sollten, nur weil es sich um eine »Beziehungstat«, eine Tat innerhalb einer Partnerschaft handelt. Bei »Trennungstötungen« würden Gerichte oft prüfen, ob die Trennung vom Opfer ausging. Aber wieso eigentlich? Welche Rolle sollte das spielen? Warum sollte es den Täter entlasten, wenn er verlassen wurde? Ist die Frau mitschuldig an ihrem eigenen Tod, weil sie nicht mehr mit dem Täter zusammen sein wollte? Damit macht man das Opfer zur (Mit-)Täterin, man spricht hier von Täter-Opfer-Umkehr.

So viel zur Theorie. Wie Gerichte heute in der Praxis entscheiden, erforscht die Sozialwissenschaftlerin Julia Habermann, Doktorandin an der Ruhr-Universität Bochum. In ihrem Promotionsprojekt analysiert sie alle von Männern begangenen Tötungsdelikte, für die diese zwischen 2015 und 2017 an deutschen Gerichten rechtskräftig verurteilt wurden. Solche, in denen Männer ihre (Ex-)Partnerinnen töteten, und solche, in denen sie andere Personen töteten. Anhand der 236 Urteile will sie untersuchen, ob Femizide strukturell anders bewertet werden als die übrigen Tötungsdelikte, strenger oder milder; in welchen Fällen die Gerichte strukturell von Verzweiflung und Ausweglosigkeit als Motiv ausgingen und wann von Macht und Besitzanspruch. Darüber hinaus widmet sie sich der Frage, ob es strukturelle Unterschiede bei den Verurteilungen wegen Totschlags zwischen Männern gibt, die ihre (Ex-)Partnerinnen töten, und jenen, die andere Menschen töten. Wer wegen Totschlags verurteilt wird, muss zwischen fünf und 15 Jahren ins Gefängnis. Wie lange, entscheidet das Gericht im Einzelfall.

Die Forscherin wertet die Ergebnisse der Studie aktuell noch aus, bislang kann sie nur generelle Beobachtungen und Tendenzen erkennen. Grundsätzlich sei sie bei der Strafzumessung in den Urteilen – nicht nur bei Femiziden – immer wieder überrascht gewesen, mal von der Milde der Gerichte, mal von deren Strenge. Geplant ist die Veröffentlichung für Ende 2021.

Wie die deutsche Rechtsprechung aussehen könnte

Längst gibt es eine internationale Vereinbarung, die der Bewertung von Femiziden des BGH-Urteils von 2008 widerspricht und eine härtere Bestrafung fordert, wenn es sich um einen Femizid handelt. Seit dem 1. Februar 2018 gilt hierzulande die sogenannte Istanbul-Konvention, das Übereinkommen des Europarats zur Verhütung und Bekämpfung von Gewalt gegen Frauen und häuslicher Gewalt. Doch bei der Umsetzung hapert es bis heute. Die Istanbul-Konvention fordert in Artikel 43, das Gegenteil von dem zu tun, was das Hamburger Landgericht im Fall von Marc-Michel H. tat: die Taten unabhängig von der Opfer-Täter-Beziehung zu bewerten. Dementsprechend sollte es keine Rolle spielen, ob Juliet H. ihren Mann in der Vergangenheit »hintergangen« hat oder dazu beigetragen hat, dass die Beziehung der beiden zerbrach.

Artikel 46 geht sogar noch weiter, hier werden die unterzeichnenden Staaten aufgefordert, notwendige Maßnahmen zu treffen, damit beim Festsetzen des Strafmaßes als erschwerend berücksichtigt werden kann, wenn die Straftat sich gegen den/die derzeitige:n oder frühere:n Partner:in richtete. Etwas verständlicher ausgedrückt: Die Istanbul-Konvention fordert eine Wende bei der Bewertung von Partnertötungen, unabhängig von der Konstellation: Wer seine (Ex-)Frau oder seinen (Ex-)Mann tötet, soll nicht etwa milder bestraft werden, weil es eine Vorgeschichte gibt; er kann unter Umständen sogar schwerer bestraft werden, gerade *weil* es sich um eine Partnertötung handelt. Die grundsätzliche Unterscheidung zwischen Mord und Totschlag wird dabei nicht infrage gestellt. Darauf beziehen sich Aktivistinnen wie Kristina Wolff. In ihrer Petition »Stoppt das Töten von Frauen #saveXX« fordert sie die Umsetzung der Istanbul-Konvention in das deutsche Strafrecht, bis dato hat sie immerhin mehr als 88 000 Unterschriften gesammelt.

Eine andere Petition, initiiert von Hubertus Sander, geht noch weiter. Er fordert die Justizministerin Christine Lambrecht (SPD) auf, den Femizid als Straftatbestand ins Strafgesetzbuch aufzunehmen. »Die Tötung einer Frau muss grundsätzlich als Femizid, also Mord eingestuft werden«, schreibt Sander. Und: »Das jetzige Strafrecht und seine Handhabung durch die Justiz gibt der Gewalt gegen Frauen nicht das nötige Gewicht, ist unfair und frauenfeindlich!« Die Festlegung des Straftatbestands »Femizid« wäre ein Novum. Bislang gibt es im Bereich der Tötungsdelikte für keine Beziehungskonstellation einen eigenen Paragrafen. Und die Gerichte urteilen bei jedem Femizid individuell, ob es sich um einen Mord oder einen Totschlag handelte.

Hubertus Sander ist 73 Jahre alt. Dass er sich trotz seines hohen Alters so für Frauenrechte einsetzt, hat einen Grund: Seine Schwester Franziska verschwand 1992 spurlos, 2017 gestand ihr Mann Jens K., ihre Leiche 24 Jahre lang in einem Fass versteckt zu haben. Wahrscheinlich hatte er sie vorher getötet. Medien berichteten unter dem Stichwort »Fassleiche« über den Fall. Doch Jens K. wird wohl nie zur Rechenschaft gezogen werden. Und das liegt an der Unterscheidung zwischen Mord und Totschlag.

Franziska Sander und Jens K. lernten sich 1982 in Hannover kennen, sie war 17 und er 18 Jahre alt. 1988 heirateten sie. Wie die Beziehung der beiden war, ob es Gewalt gab, ist unklar. Es gibt einerseits die Aussagen von Jens K., der behauptet, seine Frau habe nicht arbeiten und keinen Kontakt zu ihrer Familie haben wollen. Sie sei oft wütend gewesen und habe mehrmals versucht, sich umzubringen. Andererseits behauptet Hubertus Sander, niemand in der Familie habe seine Schwester Franziska je wütend erlebt, sie sei ihrem Ehemann hörig gewesen. Er habe sie sozial isoliert, irgendwann habe sie das Haus nicht mehr alleine verlassen dürfen. Das letzte Mal, als Franziska Sander mit ihren Verwandten sprach, im November 1991, kündigte sie an, gemeinsam mit ihrem Ehemann nach Norwegen auszuwandern.

Jens K. lieferte im Laufe der Jahre ganz unterschiedliche Erklärungen dafür, wo seine Frau sei. Weil es keine Leiche gab, war er lange nicht tatverdächtig. Einmal erzählte er, seine Frau sei an Krebs verstorben. Ein anderes Mal sagte er, sie habe ihn Monate zuvor verlassen; er habe keine Ahnung, wo sie sich aufhalte.

Hubertus Sander wollte 1992 eine Vermisstenanzeige aufgeben, wurde aber von der Polizei weggeschickt, weil es keine Hinweise auf ein Verbrechen gab. Wenn, teilte man ihm mit, dann sei es Sache des Ehemannes, seine Frau als vermisst zu melden. 1994 wurde Jens K. zum ersten Mal verhört, als Zeuge, nicht als Verdächtiger. Damals erzählte er etwas von einer Trennung. Er werde bald eine Vermisstenanzeige aufgeben, wenn Franziska Sander nicht in die Scheidung einwillige. Das passierte nicht und wurde auch nie überprüft. Stattdessen lernte Jens K. bald eine neue Frau kennen und gründete eine Familie mit ihr.

Dass die Leiche von Franziska Sander überhaupt jemals gefunden wurde, ist Hubertus Sanders Verdienst. Er startete 2013 einen neuen Versuch und gab eine Vermisstenanzeige auf. Dieses Mal wurde Franziska Sander tatsächlich zur Fahndung ausgeschrieben, zum ersten Mal seit ihrem Verschwinden. Es dauerte noch drei weitere Jahre, bis Jens K. von der Polizei vorgeladen wurde. Bei seiner Vernehmung verhielt er sich merkwürdig, verplapperte sich. Die Polizei leitete ein Verfahren wegen Verdachts auf Totschlags ein. Endlich wurde auch sein Haus durchsucht, endlich entdeckte die Polizei das Fass.

Jens K. lieferte unterschiedliche Erklärungen dafür, wieso Franziska tot war und wieso er ihre Leiche in einem Fass versteckt hatte. In der Version, die ihn am meisten belastet, kam er laut eigener Aussage nach Hause, kurz nachdem Franziska

Sander sich eine Spritze mit Reinigungsbenzin ins Herz gespritzt hatte, um sich umzubringen. Als sie zusammenbrach, würgte er sie, angeblich um ihr Leiden schneller zu beenden. Ob man seiner Version der Geschehnisse Glauben schenkt oder nicht, Franziska Sander ist schon zu lange tot, als dass man an ihrer Leiche noch Beweise finden könnte, die die Schilderungen von Jens K. bestätigen oder widerlegen würden. Das Deprimierende für die Familie von Franziska und Hubertus Sander: Auch wenn er nach mehr als 20 Jahren endlich herausgefunden hat, wo seine Schwester verblieben ist, so wird doch niemand für ihren Tod zur Verantwortung gezogen. Weil Totschlag nach 20 Jahren verjährt, wurde nicht weiter gegen Jens K. ermittelt, das Verfahren wurde eingestellt.

Hubertus Sander schreibt dazu in seiner Petition: »Wir sind eine von den Opferfamilien, die nie Ruhe finden werden, weil die Gesetzgebung unseres ›Rechtsstaats‹ den perfekten Mord unterstützt.« Seiner Meinung nach war es ein Fehler der Staatsanwaltschaft, die Tat von Anfang an als möglichen Totschlag zu bewerten. Sander verweist auf die Forschungsergebnisse der Kriminologin Monckton Smith, der zufolge Taten, die spontan wirken, oft geplant sind und mit Entschlossenheit begangen werden.

Genau deshalb fordert Hubertus Sander die Aufnahme des Straftatbestandes Femizid als Mord ins Strafgesetzbuch. Wenn es einen solchen Paragrafen früher gegeben hätte, so Sanders, dann wären die Ermittlungen gegen Jens K. nicht eingestellt worden. Womöglich säße Jens K. jetzt im Gefängnis. Und jedes Mal, wenn ein Mann seine (Ex-)Partnerin tötet, würde die Tat automatisch als Mord bewertet werden. In insgesamt 16 lateinamerikanischen Ländern, etwa Mexiko oder Chile, gibt es solche Gesetze bereits.

Doch eine solche Forderung birgt auch Risiken: Ein Femizidparagraf könnte als schneller politischer Erfolg gewertet werden – ohne echte Konsequenzen in der Rechtsprechung. Viele

Aktivist:innen und Forscher:innen kämpfen an anderer Front. Laut Leonie Steinl vom Deutschen Juristinnenbund braucht es keinen neuen Straftatbestand, das Problem sieht sie »in der Auslegung und Anwendung des bestehenden Rechts«. Sie pocht auf eine konsequente Rechtsprechung, unter Umständen sollte eine Strafverschärfung möglich sein. Ähnliches fordert die Soziologin Monika Schröttle. Sie plädiert – analog zur Istanbul-Konvention – für eine »besondere Schwere«, wenn Taten im engen Vertrauensverhältnis verübt würden, statt einer »besonderen Entlastung, weil man dann angeblich eher im Affekt handeln würde«. Einem Straftatbestand Femizid steht auch sie skeptisch gegenüber. »Das passt überhaupt nicht zu unserem Rechtssystem. Wir haben nicht für jede Art von Tötungsdelikt oder Körperverletzungsdelikte einen eigenen Begriff.«

»Ehrenmorde«

Dass eine Veränderung in der Rechtspraxis möglich ist, dass man Femizide unter Umständen durchaus besonders hart bestrafen könnte, hat der Umgang mit sogenannten Ehrenmorden gezeigt. Die wurden in Deutschland lange Zeit eher milde bestraft, bis zwei BGH-Urteile eine gegenteilige Rechtsprechung begründeten, wenn auch bedauerlicherweise aus den falschen Motiven.

Der Begriff »Ehrenmord« ist kein juristischer, das BKA definiert das Phänomen wie folgt: »Ehrenmorde sind vorsätzlich begangene versuchte oder vollendete Tötungsdelikte, die im Kontext patriarchalisch geprägter Familienverbände oder Gesellschaften vorrangig von Männern an Frauen verübt werden, um die aus Tätersicht verletzte Ehre der Familie oder des Mannes wiederherzustellen. Die Verletzung der Ehre erfolgt durch einen wahrgenommenen Verstoß einer Frau gegen auf die weibliche Sexualität bezogene Verhaltensnormen.«

Laut BKA geht es also um die Wiederherstellung der Familienehre oder der Ehre des Mannes durch die Tötung einer Person. Anders als bei Femiziden innerhalb einer Partnerschaft ist bei »Ehrenmorden« der Täter nicht automatisch der (Ex-)Partner; auch andere Familienmitglieder können die Tat begehen. Die Tat wird legitimiert, indem die vermeintliche Ehre des Mannes über dem allgemeinen Tötungsverbot steht. Auch ein nichtdeutscher kultureller Hintergrund des Täters spielt laut BKA eine Rolle. Im Unterschied zu anderen Femiziden geht das BKA bei »Ehrenmorden« davon aus, dass der familiäre Umkreis des Täters Verständnis für die Tat hat oder sogar unterstützt.

Eine Analyse des BKA, das »Ehrenmorde« zwischen 1996 und 2005 untersucht hat, zeigt zunächst eines: »Ehrenmorde« sind äußerst selten. Die Rede ist von zwölf pro Jahr, davon zwei im engeren Sinne (bei denen also ein Mädchen oder eine Frau getötet wurde, um die vermeintliche kollektive Familienehre wiederherzustellen). Der Anteil der männlichen Opfer lag bei 43 Prozent, dies bezog sich in der Regel auf die unerwünschten Partner der Frauen.

Demografisch waren die Ergebnisse eindeutig: In zwei Dritteln der Fälle hatten Täter und Opfer eine türkische oder kurdische Herkunft, meistens (90 Prozent) stammten sie aus Einwandererfamilien der ersten Generation. Bei Angehörigen der zweiten oder dritten Generation spielten »Ehrenmorde« laut Studie keine Rolle. Die Täter entstammten »beinahe ausnahmslos« einem schlecht integrierten Milieu.

Obwohl Femizide in Deutschland häufig und »Ehrenmorde« äußerst selten sind, hat sich Letzteres viel mehr im Sprachgebrauch durchgesetzt. Das Wort »Ehrenmord« kam bereits im Jahr 2009 in den Duden, »Femizid« erst im Jahr 2020. Es existieren BKA-Lagebilder, Doktorarbeiten und Studien zu diesem statistisch gesehen seltenen Phänomen. Ein ähnliches Bewusstsein für Femizide gibt es weder in den Behörden noch in der breiten Bevölkerung.

Die Existenz des Wortes »Ehrenmord« deutet an, worauf Behörden den Fokus legen: Sie erkennen eine Systematik, wenn Ausländer und Migranten vermeintlich im Namen ihrer Ursprungskultur Frauen töten. Wenn andere Männer »ihre« Frauen töten – unabhängig von der Herkunft –, wird das zusammengefasst unter dem vagen Begriff Partnerschaftsgewalt. Diese Betonung des kulturellen Hintergrundes des Täters ist problematisch, weil sie suggeriert, es handele sich um ein Problem der vermeintlich »anderen«, der Ausländer und Zuwanderer. Ein Trugschluss, töten doch überall auf der Welt Männer »ihre« Frauen aus vermeintlichen Besitzansprüchen. Auch deutsche Männer.

Zudem übernimmt man durch die Verwendung des Begriffs »Ehrenmord« die Weltanschauung des Täters, weil es so klingt, als sei seine Ehre tatsächlich verletzt worden. Deswegen schlagen die »Neuen Deutschen Medienmacher:innen« vor, von »Mord im Namen einer vermeintlichen Ehre« zu sprechen. Noch einfacher wäre es aber, sie einfach Femizide zu nennen. In der *Vienna Declaration on Femicides* bezeichnete der Academic Council on the United Nations System (ACUNS) bereits 2012 das Töten von Frauen und Mädchen im Namen der Ehre als Femizid. Auch die Weltgesundheitsorganisation (WHO) tut das.

Wie geht aber die Justiz mit »Ehrenmorden« um? Die Rechtsprechung in Deutschland wurde im Laufe der letzten 25 Jahre immer strenger. Bis in die Neunzigerjahre wurden »Ehrenmorde« eher nachsichtig verurteilt, die Gerichte betonten damals häufig die »besonderen Anschauungen und Wertvorstellungen«, die »Bindung an eine fremde Kultur«, die bei der Aburteilung zu berücksichtigen seien. Dann entschied 1994 der BGH, dass der Maßstab für die Bewertung eines »Ehrenmordes« den »Vorstellungen der Rechtsgemeinschaft in der Bundesrepublik Deutschland zu entnehmen« sei und nicht den »Anschauungen einer Volksgruppe, die die sittlichen und rechtlichen Werte dieser Rechtsgemeinschaft nicht anerkennt«. Deshalb sei die Verteidigung oder Wiederherstellung der vermeintlichen Ehre einer Person oder einer Familie als niedriger Beweggrund zu bewerten. Schließlich erhebe sich damit jemand »über die Rechtsordnung und einen anderen Menschen«, das sei als »besonders verwerflich und sozial rücksichtslos anzusehen«. Nun, das kann man ohne Zweifel so sehen. Allerdings erhebt sich doch jede Person, die einen anderen Menschen tötet, über die Rechtsnorm, immer.

Gleichzeitig schuf das oberste Gericht Deutschlands ein paar Absätze weiter eine Hintertür. Denn der Täter müsse die Verwerflichkeit seiner Tat schon erkennen (können). Entstammt er einem »fremden Kulturkreis – der Blutrache duldet oder gar fordert«, und war er während der Tat noch von diesen Vorstellungen beherrscht, dann könne »ausnahmsweise« eine Verurteilung lediglich wegen Totschlages in Betracht kommen. Auffällig ist, dass der kulturelle Hintergrund des Mannes hier noch als potenziell strafmildernd einbezogen werden konnte; das sollte sich Jahre später ändern.

Als das Landgericht Frankfurt im Jahr 2003 genau diese Hintertür nutzte, um einen Mann, der seine Frau getötet hatte, »nur« wegen Totschlags zu verurteilen, ließ der BGH die Argumentation nicht gelten und hob das Urteil in der Revision im Jahr 2004 auf. Daraus entstand ein weiteres Grundsatzurteil, »Zum Mordmerkmal der niedrigen Beweggründe bei ausländischen Tätern«.

Eine Frau, in Deutschland aufgewachsen, hatte 2002 einen Mann aus Anatolien geheiratet, vermittelt durch die Eltern. Schon nach einigen Wochen schlug der Mann seine Frau, war eifersüchtig, kontrollierte sie, verlangte Gehorsam und war in den »Moral- und Wertvorstellungen seiner Heimat verhaftet«. Im Herbst 2002 lief seine Aufenthaltsgenehmigung aus, er drohte mehrfach damit, dass er »eine Leiche mitnehmen« werde, wenn er in die Türkei zurück müsse. Als er von seiner

Frau verlangte, ihn zum Konsulat zu begleiten, weigerte sie sich, sie wollte sich trennen, wollte, dass er das Land verlässt. Bei diesem Streit schlug er sie, zückte schließlich ein Klappmesser und stach 48 Mal auf sie ein. Sie starb innerhalb weniger Minuten. Der Mann stahl seiner Frau daraufhin 250 Euro aus dem Portemonnaie und versuchte zu fliehen, wurde aber noch am selben Abend von der Polizei gefasst.

Das Landgericht Frankfurt hatte argumentiert, der Mann habe in einer »maßlosen Wut und Empörung gegenüber seiner Ehefrau« gehandelt, die »auf seinen fremden soziokulturellen Wertvorstellungen« beruhe. Er habe vor einer »›ruhmlosen‹ Rückkehr in die Türkei« gestanden, die seine »Familien- und Mannesehre« verletzt hätte. Das waren aus Sicht des Gerichts niedrige Beweggründe, ein Mordmerkmal war also erfüllt. Weil das Gericht nach eigenen Angaben aber nicht »restlos« klären konnte, ob der Mann auch wusste, dass er nach deutschem Recht aus niedrigen Beweggründen handelte, verurteilte es ihn wegen Totschlags zu einer hohen Freiheitsstrafe von 13 Jahren und sechs Monaten.

Der BGH ließ diese Argumentation nicht gelten. Es sei nicht belegt, dass der Mann »außerstande war, die (deutsche Bewertung)«, also die deutsche Rechtsprechung, nachzuvollziehen. Außerdem habe der Angeklagte auch »nach anatolischen Wertvorstellungen« nicht das Recht, seine Ehefrau ständig zu misshandeln oder gar zu töten. Der BGH plädierte deshalb auf Mord und verurteilte den Angeklagten zu einer lebenslangen Freiheitsstrafe.

BGH-Urteile sind Grundsatzurteile, an denen sich die deutschen Gerichte orientieren sollen, wenn sie über ähnliche Fälle urteilen. Doch nur weil es zwei Grundsatzurteile gibt, in denen »Ehrenmorde« als Mord und nicht als Totschlag bewertet wurden, heißt das nicht automatisch, dass das auch der Rechtspraxis in deutschen Gerichten entspricht. Wie die tatsächlich aussieht, haben diverse Studien untersucht.

Die beiden Juristinnen Lena Foljanty und Ulrike Lembke haben die Argumentation der Gerichte in rechtskräftigen »Ehrenmord«-Urteilen analysiert. Lembke ist inzwischen Richterin am Berliner Verfassungsgericht, Foljanty leitet eine Forschungsgruppe am Max-Planck-Institut für europäische Rechtsgeschichte in Frankfurt am Main. Die beiden Wissenschaftlerinnen haben herausgefunden, dass »Ehrenmorde« und »normale« Femizide unterschiedlich behandelt werden. Bei »Ehrenmorden« werde das individuelle Schuldprinzip vernachlässigt. Dieses Schuldprinzip – die individuelle Bewertung, ob den Angeklagten bei der Tat Wut, Verzweiflung oder Angst angetrieben haben – sei nicht mehr Teil der Überlegung. Es gehe viel mehr um den soziokulturellen Hintergrund des Täters und die Frage, ob er handelte, um seine Ehre wiederherzustellen. Dabei wird betrachtet, wie lange er sich schon in Deutschland aufgehalten hat oder ob er integriert war. Andere Beweggründe, die ihn möglicherweise antrieben, sind laut Foljanty und Lembke weniger ausschlaggebend. Den Grund für diese Tendenz liefern die beiden Forscherinnen gleich mit: »Bezugnahmen auf Kultur und Fremdheit können Gerichte entlasten.« Was sie damit meinen, ist, dass es die Urteilsfindung erleichtert, wenn Gerichte sich auf Kultur und Fremdheit beziehen können, da man in diesen Fällen weniger Aufwand in die Suche nach anderen Motiven investieren müsse. In anderen Femizidfällen verliehen Gerichte dem individuellen Schuldprinzip zu viel Gewicht, es würde also ganz ausführlich auf die Gefühlsregungen des Täters eingegangen. Die persönlichen Motive würden überbetont, der soziokulturelle Hintergrund hingegen nur selten im Urteil erwähnt.

Dabei kann auch ein deutscher Mann ohne internationale Geschichte seine (Ex-)Partnerin aus falschen Ehrvorstellungen oder vermeintlichen Besitzansprüchen töten. Oder andersherum: Ein »Ehrenmord« ist auch nur ein weiterer Femizid, den man genauso als Totschlag verurteilen könnte. Schließlich trifft die Argumentation des bereits erwähnten BGH-Urteils von 2008 auf viele »Ehrenmorde« zu. Demnach ist eine Tötung nicht als niedrig zu bewerten, wenn »die Trennung von dem Tatopfer ausgeht und der Angeklagte durch die Tat sich dessen beraubt, was er eigentlich nicht verlieren will«. Genau das ist bei vielen »Ehrenmorden« der Fall. Eine Frau entfernt sich von der Familie, weil sie anders leben will; ein Vater oder Bruder beraubt sich durch die Tötung seiner Tochter oder Schwester, obwohl er sie doch gerade nicht verlieren will. Das soll nun nicht dazu führen, dass »Ehrenmorde« ebenfalls milder bestraft werden. Aber es zeigt, dass auch eine Rechtsprechung nicht objektiv und unveränderbar ist – und eine andere Rechtspraxis bei Femiziden theoretisch möglich ist. Die Autorinnen fassen zusammen: »Der ›Ehrenmord‹ ist fremd und unverständlich« – das heißt Gerichte können oder wollen die Gründe für die Tat nicht nachvollziehen –, »die Trennungstötung dagegen unerfreulich, aber durchaus emotional rekonstruierbar.« Während die Justiz also »Ehrenmorde« als systematisches Problem betrachtet und dementsprechend schnell als Morde verurteilt, ist jeder Femizid ein Einzelfall. So weit, so ungerecht.

Nun ist es eine Sache, wie einzelne Gerichte argumentieren, und eine andere, wie häufig sich Gerichte bei »Ehrenmorden« tatsächlich auf die erläuterten Grundsatzurteile berufen. Julia Kasselt ist dieser Frage für ihre Promotion nachgegangen, mit dem überraschenden Ergebnis: seltener als erwartet. Sie hat alle »Ehrenmorde« zwischen 1996 und 2005 ausgewertet und mit einer Stichprobe von Femiziden (sie spricht von [Ex-]Intimpartnertötungen) verglichen.

Würden die Gerichte den BGH-Urteilen folgen, müssten die Täter bei den »Ehrenmorden« in der Regel wegen Mordes verurteilt werden. Davon kann allerdings keine Rede sein, denn dies war lediglich bei etwa jedem vierten Täter der Fall. Stattdessen wurden in einem weiteren Viertel der Fälle die »hinter der Tat stehenden Wertvorstellungen« sogar als strafmildernd gewertet. In der Praxis orientieren sich die Gerichte offenbar nur manchmal an der BGH-Rechtsprechung zu »Ehrenmorden« und lassen stattdessen häufig Milde walten.

Zumindest wirkt das auf den ersten Blick so. Vergleicht man die »Ehrenmorde« allerdings mit den Femiziden, muss man dieses Urteil revidieren. Denn offenbar wurden »Ehrenmorde« zwar milder als erwartet bestraft, aber im Schnitt härter als Femizide. In der »Ehrenmord«-Stichprobe wurden Täter wesentlich häufiger zu einer lebenslangen Freiheitsstrafe verurteilt als Täter in der Tatenkategorie Femizide. Eine Erklärung dafür sind Kasselt zufolge die vielen Femizidtäter (40 Prozent), die als vermindert schuldfähig eingestuft wurden, weil sie psychische Probleme hatten oder süchtig (nach Drogen oder Alkohol) waren; doppelt so viele wie die »Ehrenmord«-Täter. Wer vermindert schuldfähig ist, wird weniger hart bestraft.

Allerdings bleibt der Unterschied auch bestehen, wenn man nur voll schuldfähige Täter vergleicht. Dann wurde immerhin die Hälfte der »Ehrenmord«-Täter wegen Mordes verurteilt und nur ein Drittel der Femizidtäter. Interessant ist auch, dass »Ehrenmorde« heute offenbar anders verurteilt werden als früher, während es bei Femiziden keine Veränderungen im Laufe der Zeit gibt. »Ehrenmord«-Täter wurden nach 2002 zu immer höheren Freiheitsstrafen verurteilt, bei der Stichprobe der Femizidtäter konnte Kasselt kein vergleichbares Muster beobachten. Woran das liegen könnte, dafür liefert sie keine Erklärungsvorschläge.

Das heißt, ein verändertes Verständnis in der Politik, in den Medien, in der Gesellschaft – »Ehrenmorde« wurden als Problem immer häufiger thematisiert – kann zu einer veränderten Rechtsprechung führen, im Fall von »Ehrenmorden« tendenziell zu höheren Haftstrafen. Der Umgang mit »Ehrenmorden« zeigt, dass es bestimmte Femizide geben kann, die strenger geahndet werden als andere Tötungsdelikte. Wieso sollte etwas

Ähnliches nicht auch für Femizide und »gewöhnliche« Partnertötungen gelten, unabhängig vom soziokulturellen Hintergrund? Das wäre im Sinne der Istanbul-Konvention, die bereits am 1. Februar 2018 in Deutschland in Kraft getreten ist. Es wäre Zeit für eine breitere gesellschaftliche Debatte. Und für ein aktuelles BGH-Urteil.

Protokoll 4

»Ich habe angefangen, mich selber zu lieben.«

Vanessa Münstermann ist 31 Jahre alt und lebt mit ihrem Ehemann und ihrer Tochter in Hannover. Ihr Ex-Freund hat sie mit Säure überschüttet – und für immer gezeichnet. Er wurde wegen schwerer Körperverletzung zu einer Haftstrafe von zwölf Jahren verurteilt.

Das Erste, was man mich im Krankenwagen fragte, war: »Säure oder Lauge?« Ich wusste es nicht. Ich wusste nicht mal, was Lauge ist. Was ich mit Sicherheit wusste, war, dass mir Daniel kein Wasser ins Gesicht gekippt hatte. Er wollte mich an diesem Vormittag nicht waschen.

Ich spürte aber keine Schmerzen. Eine Ärztin hat mir später erzählt, dass der Rohrreiniger, den er benutzt hat, so aggressiv war, dass meine Haut binnen Minuten zerstört war. Wie ein Spiegelei in der Pfanne – wenn einmal die Eiweißstrukturen kippen, kann man sie nicht mehr retten.

Aus dem Urteil:
Der Angeklagte hatte in seinem Haushalt das Mittel »Rohrgranate« der Marke Sanit. Dabei handelt es sich um einen Rohrreiniger, der im gewerblichen Bereich genutzt wird und der zu 96% aus Schwefelsäure besteht. Auf der Flasche, die der Angeklagte besaß, stand der Warnhinweis, dass das Mittel schwere Verätzungen der Haut und schwere Augenschäden verursachen könne. Auch ist auf der Flasche ein entsprechendes Piktogramm abgebildet. Das nahm der Angeklagte auch wahr. Auch bei seiner Internet-Recherche stieß er auf die Warnhinweise in Bezug auf die gefährliche Wirkung der »Rohrgranate«. Dieses Mittel wollte der Angeklagte benutzen, um die Nebenklägerin zu verletzen und dauerhaft zu entstellen.

Daniel und ich haben uns im Sommer 2015 über das Datingportal LOVOO kennengelernt. Anfangs gingen wir mit unseren Hunden gemeinsam spazieren, er kochte für mich, wir verbrachten viele Abende zusammen. Er war ein ganz toller Mensch, durchtrainiert, herzlich, sehr sensibel. Meine Mutter sagte, dass er ein ganz weicher Mann war – und das stimmt. Es war eine der schönsten Beziehungen, die ich je hatte.

In einer früheren Beziehung war ich mit einem Kreditkartenbetrüger zusammen, dem ich viel Geld geliehen hatte. Als ich mich von ihm trennte, hatte ich mir geschworen, dass ich nie wieder einen Mann ohne Kohle haben wollte. Deswegen war ich so froh, dass Daniel ein eigenes Haus hatte und eine wohlhabende Familie im Rücken. Er kam aus gutem Hause, seine Eltern sind Ärzte und sehr wohlhabend.

Was uns auch zusammengeschweißt hat, ist die Tatsache, dass wir beide adoptiert worden sind. Ich bin die Tochter eines Freiers und einer Prostituierten, er hat sein erstes Lebensjahr in einem Kinderheim verbracht. Ich hatte endlich einen Partner, der verstehen konnte, was es heißt, sich wie ein ungewolltes Kind zu fühlen. Er war so lieb und so emotional – heute denke ich, ich hätte merken müssen, dass etwas nicht stimmen konnte. Einige Sachen hätten mir auffallen müssen.

Aus dem Urteil:
Eines Tages, am 22.11.2015, hatte der Angeklagte, der einen Schlüssel für die Wohnung der Nebenklägerin besaß, alle Kleidungsstücke der Nebenklägerin aus ihrer Wohnung in sein Haus gebracht, ohne dass er sie vorher informiert hatte. Die Nebenklägerin war zunächst befremdet, fühlte sich aber auch geschmeichelt und sprach sich deshalb nicht dagegen aus. Kurz darauf brachte er, ebenfalls ohne Rücksprache, den Großteil ihrer Möbel in

sein Haus. Langsam wurde der Nebenklägerin dieses Verhalten zu viel. Es kam nun, im Dezember 2015, immer öfter zu Streitigkeiten des Paares.

Am Anfang ging es um Kleinigkeiten. Er ist etwa sehr brachial Auto gefahren. Ich habe ihm irgendwann gesagt: »Ganz ehrlich, du fährst nicht mehr, das möchte ich nicht, das ist mir zu unsicher.« Er antwortete, ich würde ihm nicht vertrauen, ich sei schuld an seinem Verhalten. Ein anderes Mal wollte er im Wohnzimmer saugen und sagte mir, ich sei zu fett und würde Staubkörner herumwirbeln. Irgendwann habe ich dann erfahren, dass er ein zweites Facebook-Profil hatte, mit dem er Kontakt zu anderen Frauen hatte. Durch seinen Internet-Verlauf habe ich herausgefunden, dass er Unmengen an Pornos guckte, so viele, dass ein Otto Normalverbraucher gar nicht hinterherkommen konnte.

Auch psychisch hat er mich unter Druck gesetzt, unter anderem, wenn es um Sex ging. Ich habe damals in einer Bank gearbeitet und bin am Abend noch zu ihm gependelt. Manchmal war ich einfach platt und wollte nur schlafen. Aber er hat gesagt, ich sei seine Frau und habe mit ihm zu schlafen. Entweder so, oder er würde sich eine andere aussuchen und mit ihr Sex haben. An einem Abend bin ich auf der Couch eingeschlafen. Als ich wach wurde, waren meine Hosen nass. Ich habe sie berührt und verstanden, dass er mich vollgewichst hatte – nicht die feine englische Art. Ich habe das alles aber irgendwie nicht bewertet. Ich habe das nicht als Eingriff in meine Menschenrechte gesehen, dachte eher, dass er doof ist. Die Beziehung war so psychisch anstrengend, dass ich mir irgendwann gedacht habe, ich möchte lieber sterben, als bei ihm zu bleiben.

Aus dem Urteil:
Schließlich kam es zu einem Vorfall, bei dem der Angeklagte, nachdem die Nebenklägerin bei einer gemeinsamen Autofahrt sein Fahrverhalten kritisiert hatte, anhielt, ausstieg und die Nebenklägerin, die ebenfalls ausgestiegen war, körperlich anging, indem er sie in den Nacken fasste und in die Luft hob, was ihr Schmerzen bereitete. Vanessa Münstermann kam zu dem Schluss, dass die Beziehung zu dem Angeklagten keine Zukunft hatte. Sie empfand ihn als sehr unreif. Schon Kleinigkeiten des Alltags, wie etwa der Eingang einer Rechnung, konnten ihn überfordern. Gleichzeitig forderte er sehr viel Aufmerksamkeit von der Nebenklägerin, wobei er ihr generell die Schuld gab, wenn etwas nicht nach seinen Vorstellungen lief. Schließlich sagte sie ihm, dass das Zusammensein mit ihm für sie nicht mehr tragbar sei, obwohl sie ihn immer noch liebe. Gleichzeitig erklärte sie, dass sie sich eine gemeinsame Zukunft nur unter bestimmten Bedienungen vorstellen könnte. Dazu zählt, dass er sich eine feste Arbeitsstelle suchen, mehr Unabhängigkeit von seinen Eltern erlangen und die Kontakte zu anderen Frauen unterlassen sollte.

Wir hatten dann eine Trennungsphase, hielten aber den Kontakt zueinander. Im Januar 2016 habe ich meine Möbel aus seinem Haus geholt. Wir trugen gerade mein Bett, ich ging voraus. Da spürte ich plötzlich einen Tritt und bin die Stufen hochgeflogen. Daniel hatte mich getreten. Als ich ihn fragte, was das sollte, sagte er mir, das sei nur ein Spaß gewesen.

Trotzdem haben wir uns noch gesehen. Ich habe zu der Zeit an der Tankstelle meines Stiefvaters gearbeitet, Daniel hatte einen Arbeitsvertrag für einen Job in einem Café unterschrieben. An meinem Geburtstag, am 12. Februar 2016, ist er zu mir gekommen und wir haben einen schönen Abend miteinander verbracht.

Aus dem Urteil:
Zwar diskutierten sie auch wieder über ihre Beziehung, aufgrund der insgesamt positiven Stimmung und der Tatsache, dass er der Nebenklägerin einen Arbeitsvertrag hatte präsentieren können, machte der Angeklagte sich aber große Hoffnungen, dass die Beziehung wieder aufleben würde. Zu einem intimen Kontakt kam es an diesem Abend nicht, und der Angeklagte verließ die Wohnung der Nebenklägerin am späten Abend.

Am nächsten Tag, dem 13.02.2016, entdeckte die Mutter von Vanessa Münstermann bei ebay-Kleinanzeigen, dass eine unbekannte Frau sich dort auf eine Kontaktanzeige des Angeklagten gemeldet hatte. Sie sandte ihrer Tochter einen Screenshot von dieser Kontaktaufnahme. Daraufhin schickte die Nebenklägerin dem Angeklagten um 11:50 per WhatsApp diesen Screenshot weiter und schrieb dazu: »Tut mir leid Daniel das wars mit uns alles gute dir.«

Daniel fing an, im Minutentakt bei mir und meinen Eltern anzurufen. Meinen Dad hat er bestimmt so 70 Mal angerufen. Er rief auch bei der Tankstelle so oft an, dass die Kunden, die uns telefonisch erreichen wollten, gar nicht durchkamen. Da hat mir meine Mutter gesagt: »Jetzt ist Schluss, jetzt gehen wir zur Polizei.« Das haben wir dann auch gemacht. Wir haben Anzeige erstattet, er bekam daraufhin eine Gefährderansprache, die Polizei sagte ihm, er solle den Kontakt zu mir unterlassen.

Ich muss es deutlich sagen: Ich wäre nie zur Polizei gegangen, wenn meine Mutter mich nicht dazu gebracht hätte. Jetzt denke ich, dass ich einfach zu doof war. Aber ich hatte

Angst. Es ging nie um mich, sondern um meine Familie. Meine Schwester hatte damals schon Kinder und ich hatte Angst, er würde ihnen etwas antun. Heute weiß ich, dass Frauen, die psychische oder physische Gewalt erleben, oft Angst haben, zur Polizei zu gehen. Auch mir schwebte damals immer die Frage im Kopf: Werden sie es mir glauben? Am Ende steht oft Aussage gegen Aussage. Ich dachte mir: Der kann so gut reden, mir glaubt kein Mensch. Und ich hatte Angst, er würde sich rächen. Womit ich nicht falschlag.

Aus dem Urteil:
Die Mitteilung der Polizei, dass die Nebenklägerin Anzeige erstattet habe und keinen Kontakt mehr zu ihm wolle, brachte den Angeklagten nun vollends in Rage. Er war extrem wütend auf die Nebenklägerin, entschied für sich, dass sie ein schlechter Mensch sei, und beschloss, sich an ihr zu rächen. Er kam deshalb auf die Idee, ihr Äußeres zu entstellen. Zu diesem Zweck wollte er ihr Gesicht verätzen. Der Angeklagte hatte einige Zeit zuvor im Fernsehen eine Reportage über Opfer von Säureattentaten gesehen, denen Säure ins Gesicht gegossen worden war. Man sah in dieser Reportage, dass die Frauen durch den Angriff mit der Säure dauerhaft entstellt worden waren. Dies wollte er der Nebenklägerin auch antun. Um an ein geeignetes Mittel für ein solches Attentat gelangen zu können, gab er um 13:18 Uhr bei dem Internet-Suchdienst Google die Frage »wie stellt man Salzsäure her« ein. Kurz darauf, um 13:19 Uhr gab er den Suchbegriff »Auftragskiller gesucht« ein. Um 13:28 schließlich gab er bei Google ein »kann man sich durch eine rohrgranate verätzt werden«.

Mit Säure hätte ich niemals gerechnet. Ich dachte, er macht nur Psychoterror. Das Schlimmste, was ich mir vorgestellt habe, ist, dass er mich vermöbelt. Am Tag des Angriffs bin ich sehr früh aufgestanden. Ich musste zur Tankstelle und bin zuvor wie gewohnt mit meiner Hundedame spazieren gewesen.

Plötzlich war Daniel da. Als ich ihn sah, dachte ich nur »Oh Gott«. Ich wollte ihn ja nicht sehen. Ich sagte ihm deswegen, ich hätte eine einstweilige Verfügung gegen ihn bekommen, was gar nicht stimmte, aber ich dachte, so würde er mich vielleicht in Ruhe lassen. Da hat er mir gesagt: »Ich muss sowieso ins Gefängnis.« Dann hat er mir die Säure ins Gesicht geschüttet und ist weggerannt.

Ich habe wohl geschrien – daran kann ich mich nicht mehr erinnern, ich weiß es nur von meiner Nachbarin, die auch spazieren war. Ihr Hund hatte sich in dem Moment losgerissen und war in meine Richtung gelaufen. So kam die Nachbarin auf mich zu. Man kann sagen, ich wurde von einem Tier gerettet.

Ich habe ihr gesagt, dass ich arbeiten gehen musste, aber sie hat gesagt: »Du gehst nirgendwo hin.« An ihrer Reaktion habe ich erkannt, dass irgendwas nicht in Ordnung war. Ich habe dann meine Hundedame abgegeben, mich neben einen Busch hingesetzt und habe gesagt: »Mich fasst keiner an, ich möchte niemanden verletzen.« Dann hat sie den Notruf gewählt.

Aus dem Urteil:
Die Nebenklägerin erlitt durch die Säure Verätzungen dritten Grades in der linken Gesichtshälfte, dem linken Halsbereich und dem Dekolleté, d.h. alle Hautschichten in diesem Bereich waren bis in die tiefen Übergange zum Fettgewebe und im Bereich des Gesichts bis in die Muskulatur verätzt. Auch die Zunge hat Verätzungen erlitten.

Meine Mutter hat mir im Nachhinein berichtet, dass ich ein bisschen so aussah wie Hulk. Die Hälfte meines Gesichts war grün. Ich habe die Fotos, die von mir damals im Krankenhaus gemacht wurden, auf meinem Instagram-Kanal veröffentlicht, damit die Leute wissen: Wenn sie so etwas sehen, dann war es Säure.

Ich lag zunächst zwölf Tage im künstlichen Koma. Als ich aufgewacht bin, wusste ich nicht, wie schlimm ich aussah. In meinem Zimmer gab es keinen Spiegel, und ich habe auch keinen bekommen. Ich musste regelmäßig Bäder für die Haut nehmen; in einer Vorkammer hing ein Spiegel. Da habe ich mich zum ersten Mal genau gesehen. Der erste Gedanke war einfach: Oh, Scheiße. Irgendwie wusste ich aber, dass ich in einer Situation steckte, an der ich sowieso nichts ändern konnte.

Was aber danach passiert ist, hat mich selbst überrascht. Ich bin gelernte Kosmetikerin, habe mich um mein Aussehen immer viel gekümmert. Ich hatte pinke Haare, rote Lippen, künstliche Wimpern. Nichts an mir war natürlich. Und dennoch hatte ich immer das Gefühl, ich müsste schöner sein, durchtrainierter. Und das ging plötzlich nicht mehr. Ich habe mir gedacht: So, jetzt bin ich hässlich. Ich kann dieses Schönheitsideal nicht mehr erfüllen. Ich kann nicht aussehen wie Kim Kardashian oder JLo, und dadurch kann mir alles egal sein, ich muss nur für mich selbst da sein. Und diese Scheißegal-Haltung hat mich befreit. Ich habe mich gefühlt wie eine Raupe, die zum Schmetterling wird und den Kokon von »besser und schöner sein als die anderen« verlässt. Ich habe angefangen, mich selber zu lieben.

Ich bleibe aber trotzdem Kosmetikerin. Deswegen habe ich mir gedacht: Okay, das Gesicht ist es nicht mehr, aber ich muss mich dennoch auf etwas Schönes konzentrieren. Ich habe deswegen angefangen, meine Fingernägel jeden Tag neu zu lackieren.

Diese Kraft, die ich gefunden habe, kam aber nicht nur von mir. Ich bin nur so stark, wie mich die Leute um mich stark gemacht haben. Im Krankenhaus gab es zum Beispiel Schwester Konstanze. Als ich aus dem Koma erwacht bin, wusste ich nicht, wo ich mich befinde. Da kam sie zu mir gerannt, riss mir die Decke vom Körper und sagte mir: »Frau Münstermann, schauen sie mal, Ihren Füßen ist nichts passiert. Ihr Vater hat uns gesagt, wie sehr Sie Ihre Füße lieben, wir haben sie jeden Tag eingecremt.« Sie haben jeden Fitzel, der an mir schön war, aufgezählt und mir gesagt, ich solle weiterkämpfen. Ich habe mich wie ein Auto mit einem Totalschaden gefühlt, das in die Werkstatt gekommen ist. Jeder hat daran gearbeitet und am Ende ist ein Ferrari rausgekommen.

Trotz der Leute um mich, die mir Mut gemacht haben, habe ich viel geweint, war manchmal am Boden zerstört. Im Krankenhaus habe ich so viel Morphin bekommen, dass ich gar keine Ängste spürte. Die habe ich erst danach entwickelt. Ich dachte vor allem, niemand würde mich mehr in so einem Zustand lieben. Dann kam ich aber in die Reha und habe dort einen Mann kennengelernt. Wir haben uns sehr gut verstanden und viel Zeit miteinander verbracht. Er hatte eine bildhübsche Freundin, eine blonde Frau mit Haaren bis zum Po. Dennoch hat er mich besucht, nachdem er entlassen wurde. Wir haben dann miteinander geschlafen. Er hat mir nicht über den Kopf gestreichelt und mir zugeflüstert, was für einen schönen Charakter ich habe. Nein. Wir hatten Sex. Und da dachte ich: Okay, wenn er das kann, muss ich wirklich anfangen, mich selber zu lieben. Und es gab nicht nur diesen einen Mann. Als ich wieder nach Hause ging, habe ich mich wieder mit einem Ex-Freund getroffen, später auch Männer kennengelernt, die die alte Vanessa gar nicht kannten und die neue dennoch lieben konnten.

Aus dem Urteil:
Bis heute musste sie sich sechs Operationen durch die plastische Chirurgie unterziehen, im Rahmen derer die verätzte Haut abgetragen und eine Ersatzhaut aufgebracht wurde. Zu diesem Zweck wurde auch eigene Haut verpflanzt. Die linke Gesichtshaut ist jedoch nach wie vor komplett vernarbt und gerötet, was zu einer schweren dauerhaften Entstellung der Nebenklägerin führt. Die Narben werden in den nächsten 1–2 Jahren noch weiter verdicken, erst danach kann mit umfangreichen Wiederherstellungsmaßnahmen begonnen werden, die sich über Jahre hinziehen und mit Schmerzen für die Nebenklägerin verbunden sein werden, keine Erfolgsgarantie haben und nicht dazu führen können, dass die Entstellung vollständig aufgehoben sein wird.

Wenn ich heute unter Leute gehen, kommen Kinder manchmal zu mir zu und sagen: »O Gott, wie siehst du denn aus?« Ihre Eltern sind dann peinlich berührt und sagen ihnen, dass man das nicht macht. Da sage ich immer: »Doch, das darf man.« Ich finde es gut, wenn Menschen Fragen stellen. Neulich hat mir ein kleines Mädchen gesagt: »Es ist schon hässlich, was du da anhast.« Ich habe gefragt, was genau hässlich aussehe. »Das Auge.« Und ich: »Was ist denn damit?« Da hat sie mir gesagt: »Ich würde mir ein pinkes Auge machen.« Mein linkes Auge hatte starke Verätzungen erlitten und ich konnte kaum noch sehen. Ich hatte furchtbare Schmerzen, deshalb habe ich mich irgendwann dafür entschieden, es entfernen zu lassen. Seitdem trage ich ein Glasauge. Kinder sind aber wunderbar: Sie sehen die Narben nicht und suchen das Gespräch.

Dennoch möchte ich nicht alles schönreden. Es gibt ein Säureopfer in den USA, das Katie Piper heißt. Ich habe sie entdeckt, als ich noch im Krankenhaus lag. Ich wollte Meinesgleichen suchen und bin auf ihren Instagram-Kanal gestoßen. In der Anfangszeit habe ich viel von ihr gelernt, doch wenn ich heute sehe, wie sie lebt, graust es mir davor. Sie hat sich an jedem Winkel operieren lassen und postet hübsche, glückliche Bilder von sich. Sie war früher Model und eifert nach wie vor diesem Schönheitsideal nach. Ich frage mich aber, was sie eigentlich präsentiert? Die Botschaft, die ich in ihren Posts lese, ist: Du warst schön, und wenn du 200 OPs durchmachst, kannst du am Ende wieder normal aussehen. Jeder, wie er will – aber was das Ganze psychisch mit einem macht, das erzählt sie gar nicht. Was es bedeutet, Ängste zu haben, das sagt sie auch nicht.

Ich habe auch einen Instagram-Kanal. In der Zwischenzeit habe ich einen tollen Mann geheiratet und wir haben eine süße zweijährige Tochter. Ich könnte auch tolle Familienbilder posten und sagen: »Alles tutti.« Aber so bin ich einfach nicht. Ich möchte laut sein, aber nicht mit meiner Stimme. Ich poste unangenehme Videos, Fotos, die zum Nachdenken anregen sollen. Ich habe heute noch Schlafstörungen, bin innerlich immer unruhig. Ich möchte, dass die Leute mich sehen und sich denken, dass es ihnen gar nicht so schlecht geht.

Auch deswegen habe ich die Öffentlichkeit gesucht. Als ich aus dem Koma erwacht bin, habe ich angefangen, ein Tagebuch zu führen. Irgendwann kam der Rowohlt-Verlag auf mich zu und fragte mich, ob ich mich schon mit dem Gedanken auseinandergesetzt habe, meine Geschichte aufzuschreiben. Ich habe ihnen mein Tagebuch in die Hände gedrückt und gesagt, wenn sie wollen, dürfen sie es so veröffentlichen. Es ist dann etwas umgeschrieben worden, ich hatte es ja nicht mit der Absicht geschrieben, es jemals zu veröffentlichen. Ich habe darin meiner Wut freien Lauf gelassen. Jedes Mal, wenn ich von Daniel schrieb, beleidigte ich ihn. Ich hatte darüber philosophiert, was mit seinem Kopf nicht stimme.

Ich bin jetzt keine große Schriftstellerin, aber die Resonanz, die ich durch mein Buch kriege, ist mehr wert als das Geld, das ich auf dem Konto habe. Neulich hat mir eine Mutter ein Video geschickt. Ihr Kind ist ein Verbrennungsopfer. Auf dem Video ist zu sehen, wie es durch mein Buch blättert und sagt: »Mama, Mama, sie sieht so aus wie ich, ich bin ja gar nicht alleine.« Ich stand da gerade bei Lidl an der Kasse und habe angefangen zu weinen. Wahrscheinlich hat die Kassiererin gedacht, dass sie mich in irgendeiner Weise emotional getroffen hat, aber das war pures Glück. Ich habe nämlich genau die Menschen erreicht, die ich erreichen wollte.

Um Menschen in meiner Situation zu helfen, habe ich vor drei Jahren meinen Verein »AusGezeichnet« gegründet. Ich wollte damit vor allem Entstellte erreichen, aber zu mir kommen mittlerweile verschiedene Menschen. Derzeit betreue ich aktiv 15 Personen, darunter vier Kinder, drei Menschen, die von Krankenhauskeimen betroffen sind, zwei Männer, die eine Vergewaltigung erlitten haben.

Viele Opfer mögen mich aber nicht. Viele Opfer wollen nämlich schnell in die Normalität zurück. Am Anfang wurde ich in das System reingedrängt und habe das getan, was Ärzte mir sagten. Heute sage ich Verbrennungsopfern: Hört auf, Kompressionsmasken zu tragen. Eure Haut sieht danach aus wie Plastik. Ich glaube, es ist gut, wenn die Leute die Narben sehen, die man trägt. Sie sehen, dass dir was passiert ist, du kommst anders mit ihnen ins Gespräch.

Ich mag es nicht, wenn man mich Opfer nennt. Ich war Opfer eines Säureangriffs, das ist eine Tatsache. Aber Opfer ist man nur, wenn man das will. Ein Opfer braucht nämlich Hilfe, ein Opfer ist in der Gesellschaft nicht gleichberechtigt. Man denkt: Oh, du bist Opfer, ich helfe dir. Über mich denke ich: Ich habe einen Säureangriff erlebt, aber ich bin nicht Opfer dessen.

Dennoch trage ich bis heute die Spuren davon. Vor allem setze ich mich mit dem Gedanken auseinander, was passieren wird, wenn Daniel wieder auf freien Fuß kommt. Er wurde wegen absichtlicher, schwerer Körperverletzung zu zwölf Jahren Haft verurteilt. Es ist so, als hätte ich eine Sanduhr im Kopf. Ich bin gerade in Therapie, um zu lernen, wie ich meine Ängste kontrollieren kann, aber sie ganz loswerden, das kann man nicht.

Ich denke oft über die Zukunft nach. Ein Szenario, in dem er mich nach seiner Entlassung in Ruhe lässt, ist für mich unrealistisch, zumal er sich für seine Tat nie entschuldigt hat, mir vor Gericht nicht einmal in die Augen geschaut hat und mir aus dem Gefängnis widersprüchliche, teils bedrohliche Briefe geschickt hat. Deswegen sehe ich nur zwei mögliche Szenarien: Entweder er bringt mich um. Oder ich tue ihm etwas an. Ich mache mir vor allem Sorgen um meine Tochter. Ich denke mir: Was, wenn er eines Tages vor uns steht und ihr schaden will. Wozu wäre ich fähig, um sie zu schützen? Wäre ich fähig, ihm wehzutun?

Manchmal denke ich, im Endeffekt hat Daniel gewonnen. Denn entweder tut er mir was an oder ich ihm – und meine Tochter würde dann ohne Mutter groß werden. Aber ich habe viel mit meinem Mann über die Zukunft gesprochen. Ich habe mich abgesichert, meine Tochter kann auch ohne mich ein gutes Leben haben.

Ich glaube, ich erziehe meine Tochter durch meine Erlebnisse anders. Ich stecke sie nicht ständig in hübsche Kleider; Disney-Filme, in denen die Prinzessin ein kleines, süßes Mädchen ist, das auf einen Prinz wartet, braucht sie auch nicht zu schauen. Sie soll Sand essen, sie soll erleben, wie es ist, einen Splitter im Finger zu haben. Oder sie soll meinetwegen eine Ballerina sein, aber mit starkem Selbstwertgefühl. Ich war nämlich dumm wie ein Stück Scheiße. Ich hätte mich mehr lieben sollen. Eine selbstbewusste Frau, die mitten im

Leben steht, fällt nicht auf einen wie Daniel rein. Man denkt oft: Diesen Mann kann ich nicht verlassen. Doch, das kann man. Immer. Oft gibt es Anzeichen. Und warum handeln wir nicht? Auch weil wir uns nicht genügend lieben.

Kapitel 5

»Beziehungsdrama«: Die Berichterstattung über Femizide ist oft verharmlosend

Medien beeinflussen unseren Sprachgebrauch. Liest man ein neues Wort besonders oft, hört man es im Fernsehen oder im Radio, wird man für dessen Bedeutung sensibilisiert. Gleichzeitig tragen Medien eine gesamtgesellschaftliche Verantwortung. Sie entscheiden, was berichtenswert ist und was nicht, und machen Bürger:innen auf gewisse Problematiken aufmerksam. Und je nachdem, wie sie über etwas berichten, beeinflussen sie, wie jemand auf ein Thema blickt. Deshalb lohnt es sich zu analysieren, wie deutsche Medien über Femizide berichten.

Sechs Kategorien verharmlosender Berichterstattung

Eine Person schaut bei der Berichterstattung deutscher Medien über Femizide ganz genau hin. Anne Jacob ist Teil von »Gender Equality Media«, einem Verein, der sich für eine geschlechtergerechte und diverse Berichterstattung einsetzt. »Sexistische Berichterstattung in den Medien ist Gewalt in Worten«, heißt es auf der Internetseite des Vereins. Am Anfang hat das Team Beispiele sexistischer Berichterstattung auf sozialen Medien gepostet und kritisiert. Inzwischen ist daraus ein richtiges Medienscreening hervorgegangen. Seit Anfang 2020 durchsuchen Jacob und ihre Kolleginnen systematisch alle Medien, die sich über Google News erfassen lassen. Sie machen das in ihrer Freizeit, ihr Engagement ist freiwillig. Gezielt suchen sie nach Worten, die Gewalt gegen Frauen verharmlosen. Dafür haben sie eine Liste von Begriffen erstellt, unter anderem »Eifersuchtsdrama«, »Familientragödie« oder »Bluttat«. Finden sie einen dieser Begriffe, speichern sie den Artikel mit Datum, Namen des Mediums, Link und Ort in Deutschland, an dem die Gewalt gegen einer Frau stattgefunden hat. Jacob und ihre Kolleginnen speichern auch positive Beispiele, also jene Artikel, in denen geschlechtergerechte Worte wie »Femizid« oder »Frauenmord« benutzt werden.

Durch die systematische Untersuchung hat Gender Equality Media sechs Kategorien entwickelt, in die sich verharmlosende Berichterstattung über Gewalt gegen Frauen aufteilen lässt. Zur ersten Kategorie gehören jene Artikel, in denen Liebe oder Eifersucht als Motiv eines Femizids genannt werden. Ein Beispiel dafür: Im Jahr 2015 berichtete der *Stern* über einen 41-Jährigen, der in Bayreuth seine Ex-Freundin und deren Vater erschossen hatte. Er hatte dabei auch den neuen Partner seiner Ex schwer verletzt. Statt von einem Femizid zu berichten, titelte der *Stern*: »Das tödliche Eifersuchtsdrama in der heilen Vorstadtwelt« und schrieb im Text von einem »Mord aus enttäuschter Liebe«. Das Problem dabei: »Durch Worte wie ›Eifersuchtsdrama‹ nimmt man den Täter in Schutz und rechtfertigt ein Stück weit die Tat«, sagt Jacob.

Tatsächlich fördert die Berichterstattung über den Fall in Bayreuth den Eindruck, der Täter habe aus Liebe und Eifersucht gehandelt. Man könnte sogar ein bisschen Mitleid mit ihm bekommen, befand er sich doch in einer so ausweglosen Situation. So wird ein Femizid, ein grausames Verbrechen, zu einer Liebesgeschichte mit tragischem Ende. Darüber hinaus wird dem Opfer ein Teil der Schuld zugeschoben, denn sie hatte vermeintlich den Mann enttäuscht, der sie so liebte. So sehr, dass er sie ermordete.

Zur zweiten Kategorie gehört Berichterstattung, bei der Worte wie »Familiendrama«, »Familientragödie« oder »Beziehungstat« auftauchen. Das passiert leider noch zu häufig. So titelte die Lokalzeitung *Der Westen* im April 2020: »Dortmund: Familientragödie! Vater bringt Ehefrau und drei Kinder um – dann tötet er sich selbst«. Das ist problematisch, weil Worte wie »Drama« oder »Tragödie« den Eindruck erwecken, es sei etwas Unerwartetes, Schicksalhaftes, Unvermeidbares passiert. Man denkt nicht an ein Verbrechen. Zum anderen lenkt es von der Schuld des Täters ab. Es ist einfach »etwas« passiert, bei dem am Ende – im Fall Dortmund – sechs Menschen tot sind. Es gibt nicht mehr einen Täter, der eine Entscheidung getroffen hat, und Opfer, die nicht entscheiden konnten. Es gibt nur eine Familie, die nicht mehr lebt.

Eine solche Berichterstattung übersieht und verschweigt auch die Dimension des Problems, in dem sie Femizide zu Einzelfällen macht, zu Taten, die im Kreis einer Familie passieren. Die Frankreich-Korrespondentin der *Süddeutschen Zeitung* Nadia Pantel schrieb darüber sehr treffend: »Familiendrama klingt nach Tolstoi: Jede unglückliche Familie ist auf ihre eigene Weise unglücklich. Als könne von außen sowieso niemand urteilen oder helfen, weil sich da zwei Menschen ihre eigene Hölle gebaut haben.« Eine wichtige Rolle spielen an dieser Stelle auch Polizeimeldungen. Gerade lokale Medien übernehmen Pressemitteilungen von Polizeipräsidien oft wörtlich. Es kommt noch immer vor, dass Polizist:innen in ihren Meldungen einen Femizid als »Beziehungsdrama« oder »Familientragödie« bezeichnen.

Unter der dritten Kategorie sammelt Gender Equality Media Artikel, die den vermeintlichen Voyeurismus mancher Leser:innen befriedigen sollen. Dazu zählen Artikel, die den Tathergang detailliert beschreiben, oft aus der Perspektive des

Täters. So titelte die *Bild* im Jahr 2019: »Forscherin auf Kreta ermordet – Professorin lebte noch beim Wurf in die Todeshöhle«. Später im Text heißt es: »Nach dem Sturz in die Grotte versuchte Suzanne Eaton offenbar weiterzuatmen. Doch sie erstickte. Als die Leiche von Abenteurern mehr zufällig tief in der Höhle gefunden wurde, hatte sie den Kopf zwischen den Beinen.« Solche Details dienen vor allem dazu, die Tat wie einen Krimi zu beschreiben. Bei der Einordnung der Taten helfen sie wenig. Für Anne Jacob von Gender Equality Media birgt das aber Gefahren: »Für Frauen, die Gewalt in Beziehungen erlebt haben, kann das traumatisierend sein.« Außerdem könnten sie Männer, die mit dem Gedanken spielen, ihre Frauen umzubringen, inspirieren.

Zur vierten Kategorie zählen Artikel, die das aufzeigen, was Gender Equality Media als »Doppelmoral aufgrund der Täter-Herkunft« beschreibt. Dazu zählen etwa Artikel, bei denen Medien einen Femizid als »Ehrenmord« bezeichnen, nur weil der Täter kein biodeutscher Mann ist.

Unter der fünften Kategorie sammelt Gender Equality Media Artikel, die zwar nicht direkt mit Femiziden zu tun haben, aber andere Formen von Gewalt gegen Frauen verharmlosen. Es geht um Artikel, die über Vergewaltigungsfälle oder Fälle von Zwangsprostitution berichten und dabei Worte wie »Sextäter« nutzen. Am Tag vor Heiligabend 2015 hatte etwa ein Mann eine Frau in Gelsenkirchen überfallen und sie geschlagen. Als sie bewusstlos auf dem Boden lag, soll er sie vergewaltigt haben. Als die Polizei einen Tatverdächtigen festnahm, titelte die *Bild*: »Polizei schnappt mutmaßlichen Sex-Gangster«. Für eine solche Berichterstattung nutzt Gender Equality Media den Begriff der »Sexploitation«, eine Wortneuschöpfung aus den beiden Wörtern Sex und Exploitation (Ausnutzung). Das heißt, Sex rückt in den Vordergrund der Tat. So als wäre eine Vergewaltigung dasselbe wie einvernehmlicher Sex. Sexualisierte Gewalt kann aber nicht mit Sexualität gleichgesetzt werden.

Bleibt Kategorie sechs: Hierzu zählen Artikel, in denen Euphemismen vorkommen, die also Gewalt gegen Frauen beschönigend beschreiben. So berichtete der SPIEGEL über einen 47-Jährigen, der 2019 unter dem Verdacht stand, seine Mutter erschlagen und einbetoniert zu haben, als »Sven, der Alptraummann«. Zwischen Januar und Oktober 2020 hat das Team von Gender Equality Media insgesamt 533 Artikel gesammelt und analysiert, die sich mit Gewalt gegen Frauen beschäftigen. Die Ergebnisse sind ernüchternd. In nur 33 Artikeln – das sind sechs Prozent aller untersuchen Beiträge – wurden Wörter wie »Frauenmord«, »Frauenmörder« oder »Femizid« benutzt. Die restlichen 500 Artikel berichteten über Gewalt gegen Frauen und Femizide mit verharmlosenden Begriffen. Am häufigsten wurde das Wort »Bluttat« benutzt (126 Artikel), gefolgt von »Beziehungstat« (106 Artikel) und »Familiendrama« (95 Artikel).

Eine Veränderung bahnt sich an

Journalist:innen können mit ihrer Berichterstattung die öffentliche Debatte beeinflussen. Je nachdem, mit welchen Worten sie über ein Phänomen berichten, lösen sie verschiedene Assoziationen und Gefühle bei ihren Leser:innen aus. Übertragen auf Femizide heißt das konkret, dass Medien eine Verantwortung tragen, überhaupt Aufmerksamkeit für das Problem zu schaffen, aber auch, es richtig einzuordnen.

Die Deutsche Presse-Agentur (dpa) ist die größte Nachrichtenagentur des Landes. Zu ihren Kunden gehören regionale und nationale Medien, aber auch Unternehmen und Organisationen. Die dpa beliefert sie unter anderem mit Texten, Fotos und Videos. Viele Medien übernehmen dpa-Meldungen im Ganzen oder schreiben sie nur zum Teil um. Das heißt: Formulierungen, die die dpa benutzt, verbreiten sich in der ganzen

Bundesrepublik. Deswegen gibt es in der Agentur häufig Diskussionen über die Verwendung bestimmter Wörter. Dafür gibt es interne Foren, manchmal werden externe Expert:innen in die Redaktion eingeladen. Noch im August 2019 hatte die dpa über den Femizid an einer 58-Jährigen in Benningsen bei Hannover als ein »tödliches Beziehungsdrama« berichtet. Doch im November 2019 vermeldete der dpa-Nachrichtenchef Froben Homburger über Twitter eine wichtige Entscheidung: »In der Berichterstattung über Gewaltverbrechen in Familien und partnerschaftlichen Beziehungen wird dpa künftig Begriffe wie ›Familientragödie‹ oder ›Beziehungsdrama‹ nicht mehr als eigene Formulierungen verwenden.«

Wie kam es zu der Entscheidung? »Das war das Ergebnis einer langen, andauernden internen Diskussion«, sagt Homburger heute. Intern sei immer wieder Thema gewesen, ob diese Begriffe nicht extrem verharmlosend seien. Im August 2019 bekam die Chefredaktion der Agentur einen offenen Brief von Gender Equality Media. Darin lud der Verein die dpa ein, auf gewaltverharmlosende Begriffe zu verzichten, unter anderem »Eifersuchtstragödie« und »Familiendrama«. Der Brief, sagt Homburger, habe den Entscheidungsprozess beschleunigt. »Familientragödie« und »Beziehungsdrama« seien Worte, die das verschleiern würden, worum es eigentlich gehe, sagt Homburger: »Das sind verharmlosende Begriffe für ein fürchterliches Verbrechen.«

Eine Ausnahme wird gemacht, wenn etwa Ermittler:innen das Wort in einem direkten Zitat nutzen. Stattdessen beschreiben nun dpa-Journalist:innen die Tat. Statt »Familiendrama in Heilbronn« meldet die dpa nun also: »In Heilbronn soll ein Mann seine Frau und seine Kinder getötet haben.« Dabei könnte die Agentur ja sogar auf eine zutreffendere Kategorie zurückgreifen, den Begriff Femizid. Der aber kommt in den Meldungen nicht vor. Femizid sei »im allgemeinen Sprachgebrauch immer noch nicht so verankert«, sagt Homburger. Was die Agentur stattdessen macht: Sie liefert am Ende der Meldung einige Informationen zu Femiziden mit. Etwa, dass die Weltgesundheitsorganisation WHO Morde an Frauen aufgrund ihres Geschlechtes eben »Femizide« nennt oder wie viele Frauen in Deutschland durchschnittlich aufgrund eines Femizids sterben.

Solche Informationen sind wichtig, sie geben das Ausmaß des Problems wieder und weisen darauf hin, dass es sich dabei nicht um tragische Einzelfälle handelt. Außerdem sensibilisieren sie Leser:innen für das Problem. Homburger ist sicher: »Sprache entwickelt sich ja. In ein paar Jahren könnten wir so weit sein, dass wir in einem Leadsatz schreiben können: ›Bei einem Femizid hat ein Mann seine Frau getötet.‹«

Protokoll 5

»Der Staat schützt uns Frauen nicht.«

Kader K. ist 32 Jahre alt und lebt mit ihrem Sohn in Hameln. Ihr Ex-Mann stach 2016 mit einem Messer auf sie ein, spaltete ihren Kopf mit einer Axt, legte ein Seil um ihren Hals, das er an der Anhängerkupplung seines Autos befestigte, fuhr los und schleifte sie mehrere Hundert Meter durch die Straßen. Wie durch ein Wunder überlebte sie. Der Fall sorgte deutschlandweit für Entsetzen.

Als ich nach zwei Wochen aus dem Koma aufwachte, dachte ich, ich sei im Paradies, solche Glücksgefühle hatte ich. Keine Wut, keinen Ärger. Ich hatte keine Ahnung, was mir zugestoßen war. Ich erinnere mich bis heute nicht an die Tat. Deshalb kann ich auch relativ locker davon erzählen. In der Reha wollte ich mich unbedingt erinnern, aber inzwischen weiß ich, dass es so besser ist. Wer weiß, wie es mir dann ginge. Ich hätte ihm vieles zugetraut, aber nicht diese Brutalität. Er wollte mich nicht nur töten, er wollte mich leiden lassen, mich erniedrigen.

Ich bin mit sieben Geschwistern in der Türkei aufgewachsen. Wir sind Kurden, irgendwann wurde unser Dorf im Osten des Landes niedergebrannt, deshalb mussten wir in den Westen flüchten. Wir lebten eine Weile in Zelten, dann fanden meine Eltern eine Wohnung. Als ich zehn Jahre alt war, zog ich mit einem jüngeren und einem älteren Bruder nach Izmir. Zwei Jahre später flüchteten wir nach Deutschland, zwei meiner Brüder waren schon da. Ich weiß, was die Geflüchteten jetzt durchmachen. Ich will gar nicht daran denken, wie es ihnen auf der Flucht ergeht. Wir kamen in Hannover an, wohnten in unterschiedlichen Asylunterkünften in Mecklenburg-Vorpommern, 2004 landeten wir schließlich in Hameln. Dort lebten wir zusammen, mein älterer

Bruder mit seiner Frau sowie mein kleiner Bruder und ich. Es war eine harte Zeit, ohne meine Eltern, und meine Schwägerin war nicht begeistert, dass wir da waren. Meine Mutter kam erst 2012 nach und mein Vater bekam erst ein Visum, als ich im Koma lag. Beide haben Asyl beantragt, warten aber noch auf die Antwort. Es wäre ein Katastrophe, wenn sie zurück in die Türkei müssten. Mein Vater hat inzwischen Alzheimer und ich bin auf die Unterstützung meiner Mutter angewiesen. Sie kümmert sich um meinen Sohn, wenn ich es nicht schaffe, holt ihn von der Schule ab, kocht für uns.

Ich habe keinen Schulabschluss, es hat nicht geklappt. Ich wollte ihn immer nachmachen. Einen Monat vor der Tat bekam ich das Okay vom Jobcenter. Das hat mir der Täter also auch versaut. Denn jetzt bin ich arbeitsunfähig. Ich habe neurologische Schäden, kann mir nichts mehr merken, habe Probleme, richtige Sätze zu formulieren, und bin überhaupt nicht mehr belastbar.

2013 lernte ich den Täter kennen. Ich war mit dem Bus nach Frankreich auf eine Kurdendemo gefahren; auf dem Rückweg sprach mich ein älterer Mann an einer Raststätte an. Er kenne da einen Mann, der suche eine Frau, und ich sei doch noch nicht verheiratet. Ich lehnte ab. Ich war 24 und hatte andere Pläne. Ich stellte mir vor, einen Hirten aus meiner Heimat nach Deutschland zu holen. Die sind rein, unschuldig, nicht wie Menschen, die alles haben. Wenn sie lieben, lieben sie richtig.

Nun, am nächsten Tag kam der Mann zu meiner Familie und machte wieder Werbung für meinen späteren Mann. »Der ist der Vernünftigste aus der Familie«, sagte er. Heute denke ich: Was sagt das über den Rest der Familie aus? Meine Mutter machte mir Druck, außerdem war der Traum vom Hirten nicht ganz realistisch. Dafür brauchte ich die deutsche Staatsbürgerschaft, und die würde ich so schnell nicht bekommen, dafür benötigte ich erst eine feste Arbeit und eine eigene Wohnung. Also ließ ich mich darauf ein, ihn kennenzulernen.

Er war mehr als zehn Jahre älter, war schon mal verheiratet gewesen, doch seine Frau war nach 16 Jahren in die Türkei abgehauen. Kinder hatten sie nie bekommen. Ich habe gehört, dass sie damals sofort den Kontakt abgebrochen hat. Heute soll sie ein Geschäft haben, einen neuen Mann – und ein Kind. Wie gut für sie!

Er, sein Bruder und sein Vater kamen also zu meiner Familie, damit wir uns kennenlernen konnten. Einmal traf ich ihn noch mit meiner Schwester und wir telefonierten. Als er meine Familie zum zweiten Mal besuchte, hielt er schon offiziell um meine Hand an. Gleichzeitig sagt er, er könne keine große Hochzeit feiern, weil seine Mutter erst vor wenigen Monaten gestorben war. Ich war damit einverstanden, schlug aber vor, die Hochzeit einfach um ein Jahr zu verschieben. »Dann lernen wir uns auch kennen, gucken, ob unsere Charaktere zueinander passen.« Er wollte nicht warten. Stattdessen weinte er vor meiner ganzen Familie, sagte so was wie: »Ihr seid jetzt meine Familie« und versprach mir alles Mögliche.

Ich hatte Mitleid mit ihm, dachte, ich helfe ihm, wenn ich »Ja« sage. Und ich dachte, er würde mich auf Händen tragen, so wie er sich ins Zeug legte. Er versprach zum Beispiel, mir jedes Wochenende das Frühstück ans Bett zu bringen. Ich wollte das zwar gar nicht – die Krümel im Bett nerven und außerdem wasche ich mir morgens gerne erst mal das Gesicht –, fand es aber süß. Ich war glücklich, glaubte, einen netten Mann gefunden zu haben und endlich ein schönes Leben beginnen zu können. Ich sagte zu ihm: »Ich habe so viel Leid in meinem Leben erlebt, so viel Ungerechtigkeit, damit ist ab jetzt Schluss. Ich will nicht mehr unterdrückt werden.« Daran erinnerte ich ihn später immer wieder. 2013 haben wir nach islamischem Recht geheiratet, es war ein kleines Fest. Dabei gehen die Geldgeschenke traditionell an die Frau. Aber er steckte alles ein. Damals dachte ich mir nichts dabei, schließlich wären wir ab da eh ein gemeinsamer Haushalt.

Bei unserem ersten Streit ging es ums Rauchen. Mein Bruder, meine Schwägerin, meine Mutter, alle hatten ihn vor der Ehe gefragt, ob er es akzeptiere, dass ich rauchte. Er sagte natürlich: »Ja, klar.« Ich hatte ihm vage gesagt, ich könnte ja irgendwann mal aufhören, vielleicht sogar wegen ihm. Irgendwann. Aber kaum war ich zu ihm nach Einbeckhausen gezogen, ein Dorf bei Hameln, und meine Zigaretten waren leer, verbot er mir, neue zu besorgen. Wir stritten fürchterlich und ich weiß noch, wie ich dachte: »Wenn er bei so was schon so austickt, was macht er dann noch?«

Er versuchte sofort, mich zu kontrollieren. Er verbot mir, Freundinnen zu treffen. Er verbot mir, mit meinen Verwandten zu telefonieren. Ich machte es mit, weil ich nicht die Kraft hatte, mich zu wehren. Bald nach der Hochzeit war ich schwanger geworden. Sollte ich mich wirklich mit dem Vater meines Kindes anlegen? Er steckte mich in einen goldenen Käfig, nur dass der Käfig nicht aus Gold war, sondern aus Schrott. Er ging aus, besuchte Hochzeiten und sagte mir nicht mal mehr Bescheid. Einmal stritten wir uns im stehenden Auto – ich hatte die Tür schon geöffnet –, da schubste er mich so stark, dass ich fast rausgefallen wäre.

Mit unserer Religion – dem Islam – hat das nichts zu tun. Es gibt im Koran sogar Regeln für eine Trennung. Das Problem ist eher die Kultur, die es schon Jahrhunderte gibt, oder besser gesagt die Erziehung in einigen Familien. Warum kann man nicht akzeptieren, wenn sich eine Frau trennt? *Sie will dich nicht. Fertig.*

Ich hielt es nicht mehr aus und trennte mich, als er mir verbieten wollte, meine Mutter zu sehen. Meine eigene Mutter! Hätte er sich doch lieber eine Sklavin als Frau holen sollen, nicht mich. Mein Kind war damals gerade drei Monate alt, ich zog zu meiner Mutter. Sie hatte Verständnis. Nach zwei Monaten rauften er und ich uns zusammen, aber nach vier Tagen ging ich wieder. Seit Juli 2014 sind wir endgültig getrennt. Ich glaube, dass er und seine Familie planten, mir das Kind wegzunehmen. Bislang hatte ich das alleinige Sorgerecht gehabt, er wollte das ändern.

Was machte er also nach der Trennung? Er beantragte das gemeinsame Sorgerecht. Und er kriegte es tatsächlich. Er gab sich vor Gericht ganz vorbildlich, sagte, er werde da sein, sich kümmern, uns Unterhalt zahlen. Er hat eine richtige Show abgezogen. Ich sagte zwar immer wieder, dass er lügt, aber man glaubte mir nicht. Ab diesem Zeitpunkt holte er unseren Sohn immer samstags um 9 Uhr ab und brachte ihn am Sonntag um 18 Uhr zurück. Später erfuhr ich, dass er sich in dieser Zeit nicht immer um unser Kind kümmerte, sondern es einfach bei Verwandten ablieferte und dann ausging. So wichtig war es ihm also doch nicht.

Im Sommer 2015 war er schon wieder verheiratet, seine dritte Frau hatte er aus der Türkei geholt. Das war ohne Probleme möglich, weil wir nach deutschem Recht nie offiziell verheiratet waren. Ich habe damals bei der Schwester der Frau angerufen, wollte sie warnen. Es ging aber deren Schwiegermutter ran. Als ich ihr von dem Mann erzählte, sagte sie nur: »Man muss auf seinen Mann hören.« Ich antwortete: »Okay, dann bin ich schlecht. Soll sie auf diesen Mann hören.« Es dauerte nur ein paar Monate, bis auch diese Frau vor ihm flüchtete und zurück in die Türkei ging.

In den zwei Jahren bis zur Tat hörten die Beleidigungen nie auf. Jedes Mal, wenn er unseren Sohn zurückbrachte, beschimpfte er mich als Schlampe, Hure oder bespuckte mich. Immer wieder sagte er: »Deine Tage sind gezählt.« Ich dachte, er meine damit, er würde mit dem Anwalt gegen mich vorgehen, und antwortete ihm so was wie: »Deine Tage sind auch gezählt, mal sehen, wie lange deine vierte Frau bei dir bleiben wird!« Er hatte in der Zwischenzeit nämlich allen Ernstes ein weiteres Mal geheiratet, die Ehe hielt immerhin bis zur Tat.

Ich sagte dem Jugendamt, dass ich ihm nicht weiter begegnen wollte. Klar, er könne sein Kind sehen, aber ginge das nicht unter anderen Umständen? Ohne dass ich ihn sehen müsste?, fragte ich. Offenbar nicht. Die reden immer von Kindeswohl. Aber ist es gut für das Kindeswohl, wenn der Vater die Mutter vor dem Kind beleidigt? Ich glaube, im Grunde hat das Jugendamt mir und meiner Familie das angetan. Die hätten es verhindern können, wenn sie meinem Wunsch nachgekommen wären. Und dem Staat bin ich nicht wichtig genug, als dass ich Polizeischutz bekommen hätte.

Anfangs setzte ich immerhin durch, dass wir das Kind in der Öffentlichkeit, am Bahnhof übergaben, aber er fand heraus, wo ich wohnte, und kam immer direkt in die Straße. Mein Impuls war richtig, hätten wir uns am Tag der Tat in der Öffentlichkeit getroffen, wäre vielleicht früher jemand eingeschritten.

Einmal, als er mal wieder direkt vor unserer Tür stand, kam meine Mutter mit einem Stock und fragte ihn: »Was willst du von meiner Tochter? Bist du Gott? Warum beleidigst du sie?« Dann schlug sie ihn tatsächlich mit dem Stock. Und er? Brach ihr die Nase. Es gab gegenseitige Anzeigen, aber immerhin führte das Ganze zu einem Gewaltschutzbeschluss, er durfte sich mir nicht mehr nähern – außer um unseren Sohn abzuholen oder abzugeben.

Umbringen wollte mich der Täter am 20. November 2016. Meine Erinnerung setzt aber schon zwei Tage vorher aus. Eine Zeugin hat mir später erzählt, sie werde meine Schreie nie im Leben vergessen. Alles, was ich erzähle, haben mir also Leute erst später erzählt oder Zeugen vor Gericht ausgesagt. Ein paar Tage vorher hatte er meine Anwältin angerufen. Die Sekretärin war rangegangen und hatte ihm gesagt, Sie dürften nicht mit der Gegenseite sprechen. Also hatte er meiner Anwältin ausrichten lassen, wenn sie nicht alle Anträge zurücknähme, würde eine von uns das nicht überleben. Er meinte mich.

Am Freitag, den 18. November rief mich meine Anwältin an, um mir davon zu erzählen. Sie drängte mich, zur Polizei zu gehen. Ich war skeptisch, sagte: »Die machen eh nichts. Ich bin denen scheißegal.« Doch meine Anwältin war beharrlich und sagte, die Drohung müsse wenigstens protokolliert werden. Ich ging also zur Polizei, die wie erwartet reagierte und mich fragten: »Und was können wir da machen?« Sie fuhren dann immerhin zum Täter und führten eine Gefährderansprache durch. Er war total freundlich zu ihnen, bot ihnen Tee an und redete sich raus, er sei eben emotional aufgewühlt gewesen. Die Polizei fuhr wieder ab. Als er am Samstagmorgen unser Kind abholte, sagt er zu mir: »Du wirst schon sehen, was ich mit dir mache.«

Am Sonntag ging ich um 18 Uhr vor die Haustür, um meinen Sohn wie verabredet in Empfang zu nehmen. Was dann passierte, weiß nur der Täter. Irgendwann hörte eine Zeugin draußen auf der Straße Geschrei. Sie dachte, es sei ein Kind, guckte aus dem Fenster und sah, wie eine Frau ums Auto rannte, ein Mann ihr hinterher, sie schlug, sie zu Boden warf. Die Zeugin öffnete das Fenster, schrie, er solle die Frau loslassen, sonst rufe sie die Polizei. Er rief nur zurück: »Mach doch! Ist mir doch egal.« Sie verständigte den Notruf.

Die Mutter der Zeugin rannte hinunter, bewaffnet mit einem Schuhlöffel. Was sie nicht wusste: Da hatte er schon auf mich eingestochen, zwei Mal, einmal ins Herz, einmal in die linke Seite, dann war der Griff des Messers abgebrochen. Er hatte schon mit der Axt auf meinen Kopf eingehauen und legte mir ein Seil um den Hals. Die Frau flehte ihn an aufzuhören, doch er stieg ins Auto und fuhr mit hoher Geschwindigkeit los. Die Frau sah, wie mein Körper an dem Seil über die Straße und um die Ecke gezerrt wurde. Sie war sicher, dass ich spätestens jetzt tot war. Mein Sohn, noch keine drei Jahre, saß währenddessen auf dem Rücksitz des Wagens. Nach der zweiten Abbiegung löste sich das Seil von der Kupplung und ich wurde auf den Gehweg gegen einen Zaun geschleudert. Ein Mann, der im Auto auf seinen Neffen wartete, rannte herbei. Ein anderer Mann leistete Erste Hilfe, sie riefen einen Krankenwagen.

Als der Notarzt ankam, war ich noch bei Bewusstsein. Er fragte mich, wo die Schmerzen am schlimmsten seien, ich deutete auf mein Herz. Dann verlor ich das Bewusstsein, mein Herz blieb stehen. Sie schafften es, mich zu reanimieren, der Notarzt schnitt noch vor Ort ein Loch in meine Lunge, sodass das Blut darin abfließen konnte.

Im Krankenhaus blieb mein Herz erneut stehen, und wieder war die Reanimation erfolgreich. Weil aber klar war, dass ich den Flug in eine große Klinik in Hannover nicht überleben würde – ein Messerstich hatte mein Herz verletzt –, wurde ich vor Ort in Hameln am Herzen operiert. Dabei besaß das Krankenhaus nicht mal eine Herz-Lungen-Maschine. Doch ich überlebte. Ein Hubschrauber flog mich dann nach Hannover, dort operierte eine Ärztin meinen Kopf. Die Ärzt:innen schätzten meine Chancen zu überleben auf 30 Prozent, eine Querschnittslähmung hielten sie für wahrscheinlich.

Aber es kam anders. Ich wachte nach zwei Wochen aus dem Koma auf, ohne jegliche Erinnerung. Eine Ärztin erzählte mir von der Aktion mit dem Seil. Dass er auch mit einer Axt zugeschlagen hat, habe ich erst Monate später aus einem Brief der Staatsanwaltschaft erfahren.

Ich kann laufen, immerhin. Aber ich habe Narben am Körper, spüre die Dellen an meinem Kopf, wo er mit der Axt zugeschlagen hat. Meine ganze linke Seite fühlt sich taub an, genauso wie mein linker Mittelfinger. Der wurde verletzt, als ich mich gegen die Messerstiche wehrte. Meine rechte Körperseite ist schief, es fühlt sich an, als würde ich 30, 40 Kilo auf den Schultern tragen. Wenn ich in die Stadt gehe und zurück, bin ich total fertig. Manchmal muss ich mich hinlegen, nachdem ich ein Zimmer gestaubsaugt habe. Ich habe einen Tinnitus und ständig Kopfschmerzen, so schlimm, dass es sich anfühlt, als würde mir mein rechtes Auge ausfallen. Nachts kann ich nicht schlafen, obwohl ich todmüde bin. Die Schmerzen halten mich wach, manchmal wecken sie mich auch. Dazu kommen die neurologischen Schäden, meine Wortfindungsstörungen, mein schlechtes Gedächtnis. Und ich habe Panikattacken. Ich glaube nicht, dass ich jemals wieder arbeiten kann.

Und der Täter? Der flüchtete vom Tatort, fuhr aber schließlich zu einer Polizeistation, in der Hand meinen Sohn und den Autoschlüssel, und sagte zu den Beamt:innen: »Ich habe meine Frau umgebracht.« Die brauchten einen Moment, bis sie verstanden, was er meinte. Dann nahmen sie ihm das Kind ab und verhafteten ihn. Mein Sohn kam für eine Woche in ein Heim. Dort weinte er angeblich drei Nächte durch, schlief überhaupt nicht, bis mein Bruder ihn abholte. Er sagte immer wieder: »Mama aua aua aua.«

Bis heute hat er Albträume und fürchtet sich im Dunkeln. Wir schlafen zusammen in einem Bett. Er steht immer unter Strom, ist angespannt. Ich rede nicht mit ihm über die Tat. Wenn er meine Narbe sieht, sagt er: »Das hat der böse Mann gemacht.« Er hat gar nicht verstanden, was das ist, ein Vater. Manchmal sagt er Sachen wie: »Wenn ich groß bin, bin ich dein Vater.« Er geht jetzt in die Schule, ich habe Angst, dass die anderen ihn nach seinem Vater fragen.

Der Täter wurde zu einer Haftstrafe von 14 Jahren verurteilt, wegen versuchten Mordes. Meiner Meinung nach keine gerechte Strafe. Er hat zwar eine Entschuldigung verlesen lassen, aber ich glaube ihm nicht, er hat sich nie persönlich an mich gewandt. Außerdem hab ich das Tatfahrzeug und 137 000 Euro Schmerzensgeld zugesprochen bekommen. So viel Geld hatte er natürlich nicht, deshalb wurde sein Haus jetzt zwangsversteigert. Ich habe alles, was ich habe, verpfändet, mitgeboten und es zugeteilt bekommen. Jetzt will ich es teurer verkaufen, es ist nämlich viel mehr wert.

Ich bin sauer auf die Gesetzgeber. Der Täter kann ab diesem Jahr wieder das Umgangsrecht mit meinem Sohn beantragen. Jetzt stelle man sich vor, er käme damit durch und mein Sohn müsste seinen Vater im Gefängnis besuchen. Dann würde es ihm wieder viel schlechter gehen. Jemand wie der Täter sollte gar kein Recht haben, seine Kinder jemals zu sehen. So schlau, wie der ist, kommt er vorzeitig auf Bewährung frei. Und was macht er dann? Nimmt er eine Waffe und knallt mich ab? Der Staat schützt uns Frauen nicht! Da ist es doch kein Wunder, wenn man als Familie anders Rache übt.

Kapitel 6

Femizide – ein weltweites Problem: Was wir von anderen Ländern lernen können

137. So viele Frauen starben 2017 jeden Tag durch einen Femizid irgendwo auf der Welt. Das sind fast sechs Frauen jede Stunde, eine Frau alle zehn Minuten. Das Büro für Drogenkontrolle und Verbrechensbekämpfung der Vereinten Nationen (UNODC) hat diese Zahlen berechnet. Wenig deutet darauf hin, dass sich die Lage seitdem maßgeblich verbessert hätte. Eher muss man davon ausgehen, dass die Dunkelziffer der weltweiten Opfer wesentlich höher ist.

Deshalb ist es wichtig, auch in andere Regionen der Welt zu schauen. Denn es gibt Länder, in denen die Lage noch schlimmer ist als in Deutschland. Länder, in denen Frauen weniger Schutz genießen, in denen Behörden, Politik und Polizei noch schlechter mit dem Problem umgehen. Länder, in denen Frauen schon als Kinder aufgrund ihres Geschlechtes ermordet werden. Was leider nicht existiert, ist ein Land, in dem es keine Femizide gibt. Aber es gibt Länder, in denen Frauenmorde und die Frage, wie man sie verhindern kann, längst breit in der Gesellschaft diskutiert wird. Länder, in denen Aktivist:innen teilweise Hunderttausende Menschen bei Protesten auf den Straßen hinter sich versammeln und die Politik so zum Handeln zwingt. Länder, in denen es sogar Femizidgesetze gibt.

Der Blick ins Ausland verdeutlicht noch einmal: Femizide

sind keine Einzelfälle, sondern ein systemisches, weltweit verbreitetes Problem. Zudem kann man aus dem Umgang anderer Länder mit Femiziden viel lernen – auch in Bezug auf die Frage, was man in Deutschland anders machen könnte.

Argentinien: Alles begann mit einem Tweet

»Schauspielerinnen, Politikerinnen, Künstlerinnen, Unternehmerinnen, Sozialarbeiterinnen ... Frauen, alle, ach ... werden wir unsere Stimme nicht erheben? SIE BRINGEN UNS UM.« Am 11. Mai 2015 setzte die argentinische Radiojournalistin Marcela Ojeda diesen Tweet ab. Sie wollte Aufmerksamkeit erregen, Leute animieren, endlich etwas gegen die Femizide in Argentinien zu unternehmen. Eine Gruppe von Frauen schloss sich daraufhin zusammen und organisierte innerhalb weniger Wochen eine landesweite Demonstration. Am 3. Juni 2015 kamen alleine in der Hauptstadt Buenos Aires mehr als 200 000 Menschen zusammen, unter einem Motto, das sich auf Twitter bereits als Hashtag durchgesetzt hatte: »Ni una menos« (»Nicht eine weniger«). Damit gemeint war: Mit jedem Femizid fehlt eine von uns. Das darf nie wieder passieren.

Auslöser für den Tweet von Ojeda war der Femizid an der 14-jährigen Chiara Páez. Der Mord und das kurze Leben des Mädchens lassen sich mithilfe von Zeitungsberichten sowie Fernseh- und Videointerviews mit ihrer Familie rekonstruieren.

Páez lebte in der mittelgroßen Stadt Rufino, im Zentrum Argentiniens, mit ihrer Mutter Véronica und ihrer älteren Schwester Romina. Sie spielte Hockey, besuchte Malkurse, ging in die Kirche und engagierte sich für Menschen mit Behinderungen. Rund sieben Monate vor ihrem Mord fing Páez eine Beziehung mit dem 16-jährigen Manuel Mansilla an. Sie wurde von ihm schwanger und vertraute sich einer Tante an. Páez erzählte ihr, dass Mansillas Familie wolle, dass sie die Schwangerschaft abbreche. Weil die Tante sich Sorgen um das Mädchen machte, redete sie mit seiner Mutter. Verónica Camargo, die Mutter von Páez, ist eine gläubige Frau. Ein Schwangerschaftsabbruch kam für sie nicht infrage. Sie sprach also mit ihrer Tochter, und gemeinsam beschlossen sie, dass Páez ihr Baby behalten würde.

Zwei Tage nach ihrem 14. Geburtstag, am Samstag, den 9. Mai 2015, traf sich Páez mit Schulfreundinnen zum Grillen. Bevor sie aus dem Haus ging, umarmte sie ihre Mutter, sagte ihr: »Mama, du bist mein Idol. Ich liebe dich.« Das war das letzte Mal, dass Verónica Camargo ihre Tochter lebend sah. Im Laufe des Abends verließ Páez das Abendessen mit den Freundinnen, um sich mit ihrem Freund zu treffen – und kam nie wieder zurück.

Ein Anruf in der Nacht weckte Verónica Camargo. Mansilla, Páez' Freund, war dran. Er sagte ihr, das erzählte Camargo später in einem Interview, dass er und Páez sich gestritten hätten, er das Mädchen alleine gelassen habe, weil sie angeblich nicht wollte, dass er sie nach Hause begleitet. Gegen fünf Uhr morgens meldete Páez' Familie sie als vermisst. Die Suche ging sofort los. Hunderte von Menschen suchten am Sonntag in Rufino nach Páez – gemeinsam mit der Polizei, die auch Mansilla befragte. Ein Ermittler erzählte später, dass die Spürhunde das Viertel, in dem Mansilla wohnte, nicht verlassen wollten. Das zerstörte Handy von Páez war außerdem nur wenige Blocks entfernt von Mansillas Wohnung gefunden worden. Auch deswegen entschieden sich die Ermittler, das Haus zu durchsuchen, in dem Mansilla mit seiner Mutter, deren Freund und seinen Großeltern lebte.

Im Laufe des Sonntags fanden Spürhunde die Stelle, an der die Leiche von Páez begraben war, im Innenhof von Mansillas Wohnhaus. Das Loch, in dem Páez lag, war rund 80 Zentimeter tief und mit Schrott und Gegenständen bedeckt. In diesem Innenhof, wenige Meter von der begrabenen Leiche entfernt, hatte Mansillas Familie am Sonntagmittag noch gegrillt. Mansilla gestand die Tat.

Zwei Jahre später rekonstruierte ein Richter den Femizid vor Gericht: Mansilla war mit Páez in einem Schuppen im Innenhof. Dort stach er ihr zunächst mit einem Messer in den Hals. Dann packte er sie mit einer Hand am Hals, mit der anderen am Gesicht, und schlug sie gegen den Boden und gegen einen Arbeitstisch. Eine spätere Autopsie fand Spuren des Medikaments Oxaprost in ihrem Körper, welches zur Durchführung von Schwangerschaftsabbrüchen eingesetzt wird.

Kurzzeitig wurden auch Mansillas Mutter und deren Lebensgefährte verhaftet, kamen aber wieder frei. Im Jahr 2017 verurteilte ein Gericht in Santa Fe Mansilla zu 21,5 Jahren Haft. Bis heute glaubt die Familie von Páez, dass Mansilla nicht allein gehandelt haben kann, schon alleine aufgrund der Körpergröße von Chiara Páez. Sie war mit ihren 1,70 Meter und 70 Kilo Körpergewicht größer und schwerer als ihr Freund.

Für die Journalistin Ojeda und die vielen Menschen, die nach Páez' Ermordung auf die Straße gingen, war ihr Tod nur der Tropfen, der das Fass zum Überlaufen brachte. Denn es handelte sich nicht um den einzigen Femizid in Argentinien in jenem Jahr. Schon im Jahr davor, 2014, waren laut inoffizieller Zahlen 277 Frauen von ihren (Ex-)Partnern ermordet worden. Das entspricht einem Mord alle 30 Stunden. Diese Zahl war in den ersten Monaten des Jahres 2015 im Vergleich zum Vorjahr noch gestiegen. Bereits im März 2015, nach dem Femizid an einer 19-jährigen, war in Buenos Aires ein Lesemarathon organisiert worden, um Aufmerksamkeit für das Thema Femizide zu schaffen. Der Lesemarathon trug den Namen »Ni Una Menos« (»Nicht eine weniger«).

Vielleicht lag es daran, dass Chiara Páez besonders jung war, vielleicht daran, dass sie schwanger war und gezwungen wurde abzutreiben: Ihr Femizid im Mai 2015 löste große Empörung in Argentinien aus. Insgesamt demonstrierten 400 000 Menschen landesweit; bei der Protestaktion in Páez' Heimatstadt Rufino marschierten ihre Eltern in vorderster Reihe mit. Die Demonstrant:innen in Argentiniens Hauptstadt Buenos Aires trugen Plakate mit dem Motto: »Genug mit Femiziden« oder »Nicht eine weniger«, manche Menschen hatten sich Tränen aus Blut ins Gesicht gemalt. Die Protestierenden stellten konkrete Forderungen an die Regierung: Sie verlangten Frauenhäuser für die Opfer, eine bessere Überwachung der Täter, die frühzeitige Thematisierung von Gewalt gegen Frauen in den Schulen und eine offizielle Zählung und Auswertung aller Femizide.

Ihnen ist zu verdanken, dass das Femizidthema in den Fokus der argentinischen Öffentlichkeit gerückt – und seitdem nie mehr ganz verschwunden ist. Kaum jemand würde heutzutage das Femizidproblem des Landes leugnen. Das argentinische Kollektiv »Ni Una Menos« ruft seit 2015 einmal im Jahr zu einer Großdemonstration auf, der regelmäßig Hunderttausende folgen. Das Kollektiv schaffte es sogar, in der Antrittsrede von Präsident Alberto Fernández erwähnt zu werden. Bei seiner Rede im Jahr 2019 versprach er, Frauenrechten besondere Aufmerksamkeit zu schenken. Er bezeichnete »Ni Una Menos« als eine Fahne, die die gesamte Republik schwenken solle. Und er gründete ein neues Ministerium, das Ministerium für Frauen, Geschlecht und Vielfalt.

Das, was 2015 stattfand, war der Beginn eines Prozesses, der noch andauert und lange nicht abgeschlossen sein wird. Es ist das Verdienst der Demonstrant:innen, das Femizidthema in den Fokus der argentinischen Öffentlichkeit gerückt zu haben. Aber der Kampf gegen Femizide ist ein langer, denn in Argentinien wird nach wie vor alle dreißig Stunden eine Frau von ihrem (Ex-)Partner ermordet. Dennoch ist »Ni Una Menos« ein Beispiel dafür, dass Verbesserungen möglich sind, wenn eine breite zivilgesellschaftliche Bewegung sie einfordert.

Mexiko: Wenn die Regierung wegen Untätigkeit verurteilt wird

Neben Argentinien breitete sich die »Ni Una Menos«-Bewegung auch in anderen Ländern aus. Unter anderem in Peru, in Chile und in Mexiko protestierten Menschen unter diesem Motto gegen Femizide. Gerade Mexiko steht beispielhaft für vieles, was Morde an Frauen auslösen können – im positiven und im negativen Sinne. So hat das Land eine laute, kämpferische feministische Protestbewegung und ein spezielles Gesetz, das bei Femiziden angewendet wird, vorzuweisen. Gleichzeitig gibt es Behörden, die immer noch wegschauen, das Problem der Femizide leugnen und die Schuld bei den Opfern statt bei den Tätern suchen. Dafür musste sich der mexikanische Staat sogar schon vor Gericht verantworten.

In Mexiko werden jeden Tag durchschnittlich 10,5 Frauen ermordet. Das geht aus Daten der Nationalen Beobachtungsstelle für Femizide hervor. In einer Stadt ist die Lage besonders dramatisch: in Ciudad Juárez. 172 Frauen wurden hier laut Medienberichten allein im Jahr 2019 ermordet, ungefähr so viele Femizide finden in ganz Deutschland in einem Jahr statt. Jahrelang war die Stadt Schauplatz eines Drogenkrieges zwischen verfeindeten Kartellen, galt als gefährlichste Stadt der Welt. Inzwischen trägt die Stadt Tijuana diesen traurigen Titel, doch in Sachen Frauenmorden liegt Ciudad Juárez nach wie vor auf Platz eins.

Juárez, wie die Mexikaner:innen sie nennen, liegt direkt an der Grenze zu den USA, am Südufer des Rio Grande. Sechs

Brücken verbinden sie mit ihrer texanischen Schwesterstadt El Paso. 1,4 Millionen Menschen leben heute in Juárez. Die Bevölkerung ist über die Jahre rasch gewachsen, die Stadt hat sich immer weiter in die Wüste ausgedehnt, von der sie umringt wird. Grund für das große Wachstum sind vor allem die *maquiladoras*, Montagebetriebe und Fabriken multinationaler Unternehmen, in denen Ware für den Export produziert wird.

Wie in anderen mexikanischen Grenzstädten haben sich auch hier seit den Sechzigerjahren amerikanische und europäische Firmen niedergelassen auf der Suche nach billigen Arbeitskräften. Juárez allein ist der Standort für mehr als 300 Montagewerke. Viele Menschen sind aus anderen Gebieten Mexikos hierhergezogen, um in den Werken zu arbeiten. Unter ihnen viele Frauen, vor allem junge, unverheiratete, häufig ohne Schulabschluss. Sie waren froh um das Geld und stellten kaum Forderungen. Aus Unternehmersicht die perfekten Arbeitskräfte. Leider waren sie auch die perfekten Opfer.

In den Neunzigerjahren wurden Hunderte von Frauen in Juárez ermordet. Genaue Zahlen zu finden ist schwer, eine Studie geht von 887 Opfern zwischen 1993 und 2010 aus. Die Frauen wurden entführt, oft mehrere Tage lang vergewaltigt und anschließend getötet. Ihre Körper, oft verstümmelt, wurden wie Müll entsorgt – die Leichen tauchten in der Wüste, an Straßenrändern oder in Massengräbern auf. Oft waren die leblosen Körper der Frauen von Folterspuren gekennzeichnet: Diese reichten von durch Zigaretten verbrannte Haut bis hin zu abgebissenen Brustwarzen. In manchen Fällen konnte man die Frauen nur noch anhand der Zähne identifizieren, so entstellt waren ihre Leichen.

Viele von ihnen arbeiteten in den *maquiladoras*, sie gingen sehr früh aus dem Haus oder kamen sehr spät zurück, bewegten sich mit öffentlichen Verkehrsmitteln, warteten allein an Bushaltestellen. Über die Femizide von Juárez und ihre Täter wurden die verschiedensten Vermutungen aufgestellt: Handelte es sich um Serienmörder aus den USA? Um Rituale der Kartelle? Um Organhändler- oder Prostitutionsringe? – Zwar existieren über die Täter diverse Theorien, doch bis heute sind die meisten Femizide nicht aufgeklärt. Oft blieben die Ermittlungen ergebnislos, trotz des Kampfes vieler Opferfamilien für Gerechtigkeit und trotz nationaler und internationaler Aufmerksamkeit.

Es ist nicht nur die Straflosigkeit der Femizide von Juárez, die fassungslos macht, sondern auch die Art und Weise, wie Ermittler:innen über die Opfer sprachen. Immer wieder machten sie Andeutungen über die vermeintliche Schuld der Frauen. Sie kritisierten die Uhrzeit, zu der die Frauen alleine unterwegs waren, die Orte, die sie besuchten, die Art und Weise, wie sie sich kleideten. So sagte etwa der Gouverneur des Bundesstaates Chihuahua, in dem Juárez liegt: »Gut, diese Frauen kamen nicht gerade aus dem Gottesdienst, als sie umgebracht wurden.« Damit versuchte er anzudeuten, dass sie vor der Tat schon etwas getan haben werden, was sich nicht ziemte. Ein klassischer Fall von Victim Blaming, also Opferbeschuldigung.

Hinter dieser Haltung steckte auch die Verunsicherung einer patriarchal geprägten Gesellschaft, die mit aller Kraft versuchte, gegen die Emanzipation ihrer Töchter zu steuern. Die *maquiladoras* hatten soziale Veränderungen ausgelöst: Auch wenn die Löhne niedrig waren, waren die Frauen durch ihre Arbeit selbstständiger als zuvor. Sie konnten sich einfacher trennen, da ihre Arbeit ihnen die finanziellen Mittel gab, um ihre Kinder notfalls alleine großzuziehen. Oder sie heirateten gar nicht erst, gingen aus und verbrachten die Abende in Bars. Solche Lebensentwürfe wurden vom patriarchalisch geprägten Teil der mexikanischen Gesellschaft als »unmoralisch« verurteilt. So sprachen manche Menschen in Juárez von den Arbeiterinnen als *»maqui-locas«*, ein Wort, in dem sich »loca« (die Verrückte) versteckt. Sie meinten damit – wie die Wissenschaftlerinnen Alicia Gaspar de Alba und Georgina Guzmán in ihrem Buch *Making a Killing* über die Femizide in Ciudad Juárez anmerken – »sexuell provokante und promiskuitive Frauen«.

Die Situation in Juárez löste unter Akademiker:innen eine Debatte darüber aus, wie man das, was dort alltäglich geschah, nennen sollte. Bereits Ende der Siebzigerjahre hatte die südafrikanische Soziologin Diana Russell das englische Wort *femicide* eingeführt. Sie definierte damit den Mord an einer Frau aufgrund ihres weiblichen Geschlechts. Die wortwörtliche Übersetzung des Worts *femicide* ins Spanische wäre *femicidio*. Die mexikanische Anthropologin Marcela Lagarde sprach 1994 von *feminicidio*. Der Begriff hat sich inzwischen durchgesetzt. Durch die Veränderung des Wortes wollte sie eine neue Dimension der Gewalttaten ausdrücken. Die Definition des Wortes beinhaltet für Lagarde auch das Schweigen, das Unterlassen, die Nachlässigkeit der Behörden, die nicht in der Lage sind, Frauen ausreichend zu schützen. Das Wort *feminicidio* verweist so nicht nur auf die Mörder, sondern auch auf jene staatlichen und behördlichen Strukturen, die Femizide in Kauf nehmen oder bagatellisieren. Femizide sind nach diesem Verständnis auch ein Staatsverbrechen.

Dass die mexikanische Regierung im Kampf gegen die Femizide versagte, fanden allerdings nicht nur Aktivist:innen und Akademiker:innen. Die Mütter von drei ermordeten Frauen brachten die Untätigkeit der Behörden sogar vor den Interamerikanischen Gerichtshof für Menschenrechte.

Am 6. November 2001 fand man die Leichen von drei Frauen auf einem Baumwollfeld. Sie trugen die Spuren tagelanger Folter, sie waren verstümmelt und offenbar vergewaltigt worden. Die Jüngste von ihnen, Esmeralda Herrera Monreal, gerade 14 Jahre alt, war erst zwei Monate vorher nach Juárez gezogen. Eines Tages, nachdem sie das Haus verlassen hatte, in dem sie als Haushälterin arbeitete, verschwand sie. Das zweite Opfer, Laura Berenice Ramos Monárrez, war 17 Jahre alt. Sie ging zur Schule und jobbte in einem Restaurant. Sie verschwand an einem Abend, an dem sie auf eine Party gehen wollte. Das älteste der drei Opfer, Claudia Ivette González, war 20 Jahre alt und arbeitete in einer *maquiladora*. Regelmäßig half sie ihrer Schwester und passte auf deren Tochter auf, weswegen sie manchmal zu spät bei der Arbeit ankam. Am Tag ihres Verschwindens war sie zwei Minuten zu spät gewesen – und hatte deswegen nicht mehr in die Fabrik gedurft.

Familienmitglieder der Frauen hatten nach deren Verschwinden die Polizei alarmiert, doch die hatte keine Ermittlungen aufgenommen. Stattdessen hätten die Polizist:innen sexistische Kommentare gemacht, berichteten die Mütter der Opfer später. So soll ein Polizist zur Mutter der 14-jährigen Esmeralda Herrera Monreal gesagt haben, ihre Tochter sei sicherlich mit ihrem Freund oder mit Freund:innen unterwegs. Wenn ihr dabei etwas zugestoßen sein sollte, sei sie selbst schuld: »Denn ein gutes Mädchen, eine gute Frau, bleibt zu Hause.«

Es folgten eine Reihe von Fehlern in den Ermittlungen. Auf der Suche nach Gerechtigkeit wandten sich die Mütter der drei Opfer schließlich an die Interamerikanische Kommission für Menschenrechte, die den Fall an den Interamerikanischen Gerichtshof für Menschenrechte weiterleitete. Im Jahr 2009, acht Jahre nach dem Fund der Leichen auf dem Baumwollfeld, fällte das Gericht ein bahnbrechendes Urteil: Der mexikanische Staat wurde verurteilt, weil er die Rechte der Opfer und ihrer Angehörigen verletzt hatte – unter anderem das Recht auf Leben und das Recht auf Zugang zum Justizsystem.

Das Urteil zählte gnadenlos auf, in wie vielen Punkten der mexikanische Staat versagt hatte. Demnach leiteten die Behörden in den 72 Stunden, nachdem die Frauen als vermisst gemeldet worden waren, keine echten Ermittlungs- und Suchmaßnahmen ein. »Mexiko hat nicht nachgewiesen, dass es unter den gegebenen Umständen angemessene Maßnahmen ergriffen hat, um die Opfer lebend zu finden«, so das Gericht. Die Unfähigkeit auf mehreren Ebenen der Ermittlungs- und Justizbehörden erleichtere und fördere »die Wiederholung von Gewalttaten im Allgemeinen« und sende die Botschaft, »dass Gewalt gegen Frauen als Teil des alltäglichen Lebens toleriert und akzeptiert wird«.

Drei Jahre nach dem historischen Urteil führte Mexiko den neuen Straftatbestand Femizid ein. Heute besagt Artikel 325 des Strafgesetzbuches: »Wer eine Frau aus geschlechtsspezifischen Gründen ihres Lebens beraubt, begeht das Verbrechen des Femizids.« Diese Definition birgt allerdings gewisse Schwierigkeiten. Nach welchen Kriterien sollen Gerichte bewerten, ob jemand aus geschlechtsspezifischen Gründen tötete? Das Strafgesetzbuch listet verschiedene Merkmale auf, die darauf hindeuten sollen. Etwa, wenn das Opfer irgendwelche Anzeichen sexueller Gewalt zeigt oder wenn zwischen Opfer und Täter eine »sentimentale, emotionale oder vertrauensvolle Beziehung« bestand, oder aber wenn der Körper des Opfers an einem öffentlichen Ort platziert, also praktisch zur Schau gestellt wird. Wer in Mexiko wegen eines Femizids verurteilt wird, kann dafür 40 bis 60 Jahre ins Gefängnis gehen. Eine harte Strafe. Mexiko gehört zu den insgesamt 18 Ländern in Lateinamerika und der Karibik, die spezielle Gesetze haben, um Femizide zu bestrafen.

Nun sind Gesetze eine Sache. Sie legen fest, was überhaupt strafbar ist, und stecken den Rahmen für die Höhe des Strafmaßes ab. Das sagt noch nichts darüber aus, wie häufig ein Gesetz in der Praxis angewendet wird. Die Nationale Beobachtungsstelle für Femizide gab Anfang 2020 bekannt, dass im Jahr 2019 in Mexiko insgesamt 3825 Frauen ermordet wurden. In lediglich 1006 dieser Fälle wurde wegen Femizids ermittelt, also lediglich in etwa jedem vierten Fall. »Die Wahrheit ist, dass Frauen nie eine Priorität der Regierung waren«, kommentierte die Koordinatorin der Beobachtungsstelle, María de la Luz Estrada, in einer politischen Zeitschrift. Das heißt, ein Gesetz, das auf den ersten Blick fortschrittlich erscheint, reicht allein nicht aus, um das Problem zu bekämpfen. Die Femizidzahlen in Mexiko sind immer noch katastrophal hoch.

Mehr als zehn Jahre nach dem historischen Urteil des Interamerikanischen Gerichtshofes für Menschenrechte scheint die Politik wenig gelernt zu haben. Der mexikanische Präsident Andrés Manuel López Obrador spielt das Problem gerne herunter oder stellt sich und seine Regierung als machtlos dar. Im Februar 2020 erst machte er den Neoliberalismus für die hohe Anzahl der Femizide in Mexiko verantwortlich. Im September desselben Jahres besetzten Aktivist:innen die Nationale Menschenrechtskommission in Mexiko-Stadt. Unter ihnen waren auch die Mütter von ermordeten oder vergewaltigten Frauen. Sie protestierten vor allem, weil Femizide und sexuelle Gewalt noch immer nur selten geahndet werden, und kritisierten die Untätigkeit mexikanischer Behörden. Die Demonstrant:innen trugen Plakate mit Sprüchen wie »Nicht eine weniger« und »Femizid-Staat«. Einige beschmierten Wände und auch ein Bild des mexikanischen Nationalhelden Francisco Madero. Die Reaktion von Präsident López Obrador blieb für die Frauen ernüchternd. Er kritisierte zwar den Vandalismus im Rahmen der Demonstration. Auf die Forderungen der Teilnehmer:innen ging er jedoch nicht ein.

Frankreich: Wenn Politik und Zivilgesellschaft sich zusammenschließen

Betrachtet man die jährlichen Femizidzahlen, steht Europa im Vergleich zu Lateinamerika eigentlich ganz gut da. Laut Schätzungen des Büros der Vereinten Nationen für Drogen- und Verbrechensbekämpfung (UNODC) ist Europa der Kontinent, auf dem die wenigsten Frauen von ihren (Ex-)Partnern und Familienmitgliedern getötet werden. Doch die Debatte, wie Femizide zu verhindern sind, wird längst nicht in allen Ländern gleich intensiv geführt.

Ein Land, in dem das Thema Femizide erst vor Kurzem große Aufmerksamkeit erlangt hat, ist Frankreich. Lange Zeit griff man auch hier bei der Berichterstattung über Angriffe auf Frauen mit Todesfolge – ähnlich wie in Deutschland – auf Beschreibungen wie *crime passionnel* (Verbrechen aus Leidenschaft) oder *drame familial* (Familiendrama) zurück. Doch im Laufe des Jahres 2019 konnte man eine Veränderung des öffentlichen Diskurses beobachten: Die Verwendung des Begriffs *féminicide* etablierte sich zunehmend. Wie kam es dazu?

Jedes Jahr gibt es in Frankreich mehr als 100 Femizide. Das Innenministerium hat im Jahr 2019 insgesamt 146 Opfer gezählt. Somit sind die Zahlen ähnlich hoch wie in Deutschland. Ende Juni 2019 appellierten Familienangehörige von Femizidopfern in einem Beitrag in der Zeitung *Le Parisien* an die Französische Republik. Unter dem Motto »Schützen Sie sie!« schrieben sie: »Sicher gibt es nur einen Schuldigen: den Mann, der sie getötet hat. Es gibt jedoch eine Verantwortungskette, weil sie nicht ausreichend geschützt wurden. Wir schämen uns für unser Land, das nicht in der Lage ist, jedes Jahr 130 seiner Töchter zu retten.« Sie forderten die Regierung dazu auf, eine *grenelle* über Gewalt gegen Frauen zu gründen, also einen politischen runden Tisch, bei dem Regierung und Bürger:innen zusammenkommen. Außerdem kündigten die Verfasser:innen des Appells eine Demonstration für den 6. Juli in Paris an. 2000 Demonstrant:innen kamen letztlich auf der zentralen Place de la République zusammen, darunter auch das feministische Kollektiv »Nous Toutes« (»Wir alle«).

Der Protest zeigte Wirkung. Noch am gleichen Abend meldete sich der französische Präsident Emmanuel Macron mit einem Post auf Facebook und Twitter zu Wort: »Mesdames, la République n'a pas su vous protéger« (»Meine Damen, die Republik hat es nicht geschafft, Sie zu beschützen«), schrieb er und räumte somit das Versagen der Regierung öffentlich ein.

Es scheint, als wäre seitdem eine Reaktionskette ausgelöst worden: Einen Tag nach den Protesten meldete sich Marlène Schiappa zu Wort, damals Staatssekretärin für die Gleichstellung der Geschlechter. In einem Interview kündigte sie das an, was die Aktivist:innen gefordert hatten: Einen runden Tisch zum Thema häusliche Gewalt. Schiappa ist unter Frauenverbänden nicht besonders beliebt: Viele werfen ihr vor, sie schmücke sich damit, die Debatte über häusliche Gewalt und Femizide in Frankreich angefacht zu haben. Dabei machen Aktivist:innen seit Jahren auf die bestehenden Probleme aufmerksam. Was man Schiappa aber zugestehen muss: Sie ist diejenige, die Femizide auf die politische Agenda gesetzt hat. Und ohne Rezeption der Politik bleiben Proteste unwirksam.

Am 3. September 2019, bei der offiziellen Eröffnung des runden Tisches, traten der französische Premierminister, der Innenminister, die Justizministerin und die Staatssekretärin für die Gleichstellung der Geschlechter gemeinsam vor die Presse und räumten Fehler bei der Bekämpfung von Gewalt gegen Frauen ein: »Seit Jahrhunderten sind diese Frauen begraben unter unserer Gleichgültigkeit, unserer Verleugnung, unserer Nachlässigkeit, unserem uralten Machismo und unserer Unfähigkeit, diesem Schrecken ins Gesicht zu schauen«, sagte Premierminister Édouard Philippe. Dann kündigte er erste

Maßnahmen an, darunter die Bewilligung von fünf Millionen Euro für 1000 neue Plätze in Frauenhäusern und die Einrichtung von mehr Schwerpunktstaatsanwaltschaften.

Innerhalb weniger Monate war es den Verfasser:innen des Appells und den Aktivist:innen gelungen, in großen Teilen der französischen Gesellschaft ein Bewusstsein für die Themen Femizide und häusliche Gewalt zu schaffen. Am 23. November 2019, vier Monate nach der ersten kleinen Demonstration, protestierten landesweit bereits Zehntausende gegen Gewalt an Frauen und Diskriminierung. Allein in Paris versammelten sich 49 000 Demonstrant:innen.

Zwei Tage später, am Internationalen Tag gegen Gewalt an Frauen, verkündete Premierminister Philippe die Ergebnisse des runden Tischs. Unter anderem wurde vorgeschlagen, die ärztliche Schweigepflicht bei Fällen von häuslicher Gewalt zu lockern, Lehrer:innen zum Thema Gleichstellung auszubilden, Täter häuslicher Gewalt durch elektronische Armbänder zu kontrollieren. Manche der Vorschläge sind inzwischen bereits umgesetzt.

Tatsächlich ist es der Zivilgesellschaft in Frankreich gelungen, eine breite Aufmerksamkeit für das Thema Femizide zu generieren. Auch die Regierung nahm das Problem ernst und hörte den Forderungen der Bürger:innen, der Hinterbliebenen von Femizidopfern, der Sozialarbeiter:innen und Mitarbeiter:innen von Frauenhäusern zu. Von symbolischer Bedeutung war der Tag, an dem Präsident Emmanuel Macron die Zentrale der Notruf-Hotline für häusliche Gewalt besuchte. Dort erlebte er, wie sich eine Frau meldete, die von ihrem Mann jahrelang geschlagen worden war und ihn verlassen wollte. Sie war auf der Polizeistation und bat die Beamt:innen darum, sie nach Hause zu begleiten, damit sie einige Sachen holen könne. Die Beamt:innen jedoch weigerten sich mit der Begründung, in der Angelegenheit nicht zuständig zu sein. Macron konnte das Versagen der Behörden also vor Ort miterleben.

Trotz der eingeleiteten Schritte ist auch Frankreichs Femizidproblem nicht gelöst. Mehr als ein Jahr nach dem Ende des runden Tisches kritisieren Frauenverbände einen Teil der Ergebnisse. Man habe zu wenige Präventionsmaßnahmen eingeführt und die Hinterbliebenen der Opfer, die nach wie vor auf sich selbst allein gestellt seien, nicht ausreichend berücksichtigt. Dennoch bleibt 2019 das Jahr, in dem in Frankreich zum ersten Mal breit über Femizide diskutiert wurde und viele womöglich zum ersten Mal von dem Begriff gehört haben. Diese Debatte steht in Deutschland noch aus.

Spanien: Europas Vorreiter

Ein Teil der Vorschläge des runden Tisches in Frankreich beruht auf Maßnahmen, die woanders längst Realität sind: Spanien. Das Land ist in Europa der Vorreiter in Sachen Bekämpfung häuslicher Gewalt.

»Geschlechtsspezifische Gewalt ist kein Problem, das die Privatsphäre betrifft. Im Gegenteil, es manifestiert sich als das brutalste Symbol für die Ungleichheit in unserer Gesellschaft. Es ist eine Gewalt, die sich gegen Frauen richtet, weil sie Frauen sind, weil sie von ihren Angreifern als rechtlos angesehen werden: ohne Recht auf Freiheit, Recht auf Respekt, Recht auf eigene Entscheidung.« Mit diesen Worten beginnt das spanische Gesetz gegen geschlechtsspezifische Gewalt. Die sozialistische Regierung unter José Luis Rodríguez Zapatero hat es bereits im Jahr 2004 erlassen, alle politischen Fraktionen im Parlament hatten dafür gestimmt.

Mit dem Gesetz machte die spanische Regierung den Kampf gegen häusliche Gewalt zur staatlichen Aufgabe, mit einer klaren Grundhaltung: Geschlechtsspezifische Gewalt ist keine private Angelegenheit, sondern ein gesellschaftliches Problem.

Doch bis zum Gesetz von 2004 war es ein weiter Weg: Am 17. Dezember 1997 übergoss José Parejo seine Ex-Ehefrau Ana Orantes mit Benzin und zündete sie anschließend an. Ana Orantes wurde lebendig verbrannt und starb. Nur 13 Tage zuvor hatte sie bei einem TV-Auftritt über die 40 Jahre gesprochen, in denen sie und ihre Kinder die Schläge, Drohungen und Demütigungen ihres Mannes aushalten mussten. Die Frau hatte dort auch von den 15 Anzeigen erzählt, die sie gegen ihren Mann erstattet hatte. Und sie hatte öffentlich das Gerichtsurteil kritisiert, welches sie dazu zwang, selbst nach der Scheidung von ihrem Ehemann mit diesem das Haus zu teilen.

Bis zum Femizid an Ana Orantes war Gewalt gegen Frauen in Spanien kein Thema für die Öffentlichkeit. Als Orantes umgebracht wurde, kommentierte Spaniens Vizepräsident Francisco Álvarez-Cascos, dass es sich um einen »Einzelfall« gehandelt habe, um das »Werk eines Exzentrikers«. Doch die spanische Gesellschaft sah das anders: Der Femizid an Ana Orantes löste Demonstrationen aus. Jahrelang hörte man das Motto »Ana somos todas« (»Wir alle sind Ana«). Ihr Tod läutete den Beginn eines gesellschaftlichen Umdenkens ein, das bald auch die spanische Gesetzgebung beeinflussen sollte.

Das Gesetz von 2004 hat mehrere Schwerpunkte. Es legt nicht nur Kriterien für die Bestrafung der Täter fest, sondern beinhaltet auch eine ganze Reihe anderer Maßnahmen. Manche sind präventiv, etwa die Ausbildung von Lehrkräften zu Themen wie Gleichberechtigung. Andere Maßnahmen sollen Betroffenen helfen, wenn ihnen bereits Gewalt widerfahren ist: So können Frauen sieben Tage die Woche rund um die Uhr die Nummer 016 anrufen, um Gewaltfälle zu melden. Sie bekommen dann Unterstützung in mehr als 50 Sprachen angeboten, die Nummer erscheint zu ihrem Schutz nicht auf der Telefonrechnung. Das Gesetz hat auch festgelegt, dass nur spezielle Gerichte und Schwerpunktstaatsanwaltschaften sich mit Fällen häuslicher Gewalt befassen, um so rasche Verfahren zu ermöglichen. Zudem bekommen Opfer kostenlose legale Unterstützung zugesichert. Dies gilt allerdings nur, wenn Opfer und Täter in einer Beziehung miteinander sind oder waren.

Im Jahr 2009 wurde ein Überwachungssystem für Täter häuslicher Gewalt eingeführt. Sie müssen seither ein elektronisches Armband tragen. Das Opfer bekommt ein anderes Gerät, das wie ein Handy aussieht. Nähert sich der Täter dem Opfer, wird die Frau durch ein Alarmsignal gewarnt. Gleichzeitig wird automatisch auch die Polizei alarmiert. Dasselbe passiert, wenn der Mann sich Orten nähert, die vom Gericht als Sperrzonen deklariert wurden, zum Beispiel der Arbeitsplatz der Frau oder die Schule der Kinder. Im Jahr 2019 trugen in Spanien schon mehr als 1200 Täter ein solches Gerät.

Außerdem wurde das Computerprogramm VioGén für die spanische Polizei eingeführt. Dank eines Fragebogens stuft ein Algorithmus das Gefährdungsrisiko des Opfers von gering bis extrem ein. Beamt:innen können die Punktzahl selbst erhöhen, wenn sie das Risiko anders einschätzen. Je nach Risikostufe gibt es eine Auswahl verschiedener Schutzmaßnahmen. Diese reichen von regelmäßigem telefonischem Kontakt der Frau mit der Polizei bis hin zu permanentem Personenschutz. Zwar sind diese Schutzmechanismen wichtig, trotzdem kann das System nicht alle Femizide verhindern So hatte der Algorithmus die Gefahr für das Opfer in einigen Fällen fälschlicherweise als niedrig eingestuft. Zudem tritt das System erst in Kraft, wenn eine Frau Anzeige erstattet. Die Protokolle von Femizidopfern in diesem Buch zeigen, dass das nicht immer selbstverständlich ist.

Wie viele Menschen im VioGén-System erfasst sind und wie hoch deren Risikostufe ist, kann jeder online einsehen. Auch die Zahl der Femizide in Spanien ist öffentlich zugänglich und online abrufbar. Überhaupt gehören Femizide in Spanien mittlerweile zur gängigen Berichterstattung: Wird eine Frau von ihrem (Ex-)Partner getötet, vermelden die Abendnachrichten den Fall. Auch die Jahresstatistik von Femiziden wird regelmäßig thematisiert. Femizide werden in Spanien also nicht als isolierte Einzelfälle betrachtet, sondern als systemisches Problem einer patriarchalisch geprägten Gesellschaft gesehen.

Kapitel 7

Ein weiter Weg: Was in Deutschland getan wird und was noch zu tun ist

Femizide gibt es seit Jahrhunderten. Und noch immer werden häufig traditionelle Vorstellungen und Rollenbilder von Mann und Frau von Generation zu Generation weitergegeben. Entsprechend tief sind überholte Geschlechterbilder in unseren Gesellschaften verwurzelt. Deshalb ist es so schwierig, spürbare und vor allem rasche Fortschritte zu erwirken.

Um Femizide zu verhindern, braucht es zunächst einmal Notfallmaßnahmen, um die Frauen in akuten Bedrohungssituationen zu retten. Mittelfristige Maßnahmen ermöglichen bedrohten Frauen eine neue Lebensperspektive, in Sicherheit vor ihrem (Ex-)Partner. Und es gibt auch langfristige gesellschaftliche Veränderungen, die notwendig sind, damit Männer Frauen nicht mehr als ihren Besitz ansehen, Konflikte nicht mehr mit Gewalt lösen und somit sie nicht mehr zu Tätern werden.

Einige Lösungsansätze zur Bekämpfung von Femiziden wurden auch in Deutschland schon umgesetzt. Doch gerade der Vergleich mit anderen Ländern offenbart Nachholbedarf an einigen Stellen. Was wird in Deutschland bereits getan, was ist noch zu tun?

Notfallmaßnahmen

Oft ist es die Polizei, die zuerst von der Gewalt in einer Beziehung erfährt. Weil das Opfer während eines Streits einen Notruf absetzt oder weil die Nachbarn Schreie gehört und deshalb die Polizei verständigt haben. Ihre Rolle ist also essenziell. Wenn sich für einen Moment die Tür öffnet und die Gewalt dahinter sichtbar wird, können Ermittler:innen intervenieren und so im besten Fall Gewalt gegen Frauen und mögliche Femizide verhindern.

Uwe Stürmer ist Polizeipräsident in Ravensburg. Davor hat er lange bei der Mordkommission Stuttgart gearbeitet. Dort hat er festgestellt, dass ein erheblicher Teil der Femizidfälle aus Polizeisicht schnell gelöst war: Wenn eine Frau tot gefunden wurde, war der Täter meistens der (Ex-)Partner. Einige Täter flüchteten zwar, konnten aber meist schnell gefasst werden, andere konnte man noch am Tatort festnehmen, manche verständigten sogar selbst die Polizei.

Als er zur Kriminalprävention in Baden-Württemberg wechselte, merkte er, dass in allen erdenklichen Bereichen – von Banküberfällen bis Erpressungen von Wirtschaftsunternehmen – Präventionskonzepte existierten. Nur für Femizide habe es keine systematischen Ansätze dafür gegeben, wie man mit Gefährdern umgehen sollte, obwohl sich ähnliche Muster immer wiederholten. »Dabei müssten die Anstrengungen von Staat und Gesellschaft bei dem höchsten Gut – einem Menschenleben – doch höher sein als bei einem materiellen«, sagt Stürmer. Damals habe er sich gefragt: »Wieso gelingt es Staat und Gesellschaft nicht, diese Frauen besser zu schützen?«

Seit vielen Jahren beschäftigt sich Stürmer nun schon mit Femiziden. Wenn die Polizei erst einmal von der Gewalt in einer Beziehung wisse, könne sie auch gezielt an die Gewalttäter herantreten. Was dann folgt, sind sogenannte Gefährderansprachen. Dabei geht es darum, dem potenziellen Täter die

Folgen seines Handelns klarzumachen, sollte er die Frau angreifen. Stürmer sagt: Viele potenzielle Täter hätten eine Art Tunnelblick und seien extrem darauf fokussiert, die Frau bei der Trennung zu töten, um sie nicht zu verlieren – die Konsequenzen seien ihnen in diesem Moment egal. Genau diese müsse man dem Täter deshalb verdeutlichen. Zum Beispiel so: »Wir werden nicht verhindern können, dass Sie Ihre Frau umbringen. Aber Sie werden dafür lebenslang ins Gefängnis gehen. Ihre Kinder werden nie wieder mit Ihnen reden. Ihr Haus wird verkauft werden. Sie haben es in der Hand. Ihre Beziehung ist eh längst kaputt und ohne Fortsetzungsperspektive.« Wer sonst wenig mit der Polizei zu tun habe, lasse sich davon durchaus beeindrucken, sagt Stürmer. Er nennt das die »hohe Normenverdeutlichungskompetenz« der Polizei.

Viele Frauen, das zeigen auch die Protokolle in diesem Buch, gehen aber gar nicht erst zur Polizei. Etwa, weil sie befürchten, man würde ihnen nicht glauben. Oder weil sie Angst haben, dass gerade eine Gefährderansprache ihre Lage eher verschlechtern als verbessern könnte. Sie glauben oft, dass ihre Männer dadurch noch gewalttätiger werden oder sich dafür später an ihnen rächen. Dadurch entsteht nicht selten das Gefühl, dass die Verständigung der Polizei im besten Fall nicht hilft und im schlimmsten Fall die Situation verschlimmert.

Neben der Polizei sind Frauenhäuser ein weiterer Anlaufpunkt für Frauen in Notsituationen. Hierhin können Frauen flüchten, wenn sie die Gewalt zu Hause nicht mehr aushalten. Die Häuser sind unscheinbar, damit die Täter nicht herausfinden, wo sich ihre Partnerinnen möglicherweise aufhalten. In den Frauenhäusern können die Frauen bleiben, bis sie eine Lösung, zum Beispiel in Form einer eigenen Wohnung, gefunden haben. Speziell ausgebildete Betreuerinnen unterstützen sie dabei. Obwohl es hierzulande Frauenhäuser seit Jahrzehnten gibt, erfahren viele Frauen erst durch sogenannte Interventionsstellen oder die Polizei von diesen Einrichtungen.

Heike Herold, Geschäftsführerin des Vereins Frauenhauskoordinierung, glaubt, dass mehr Plätze in Frauenhäusern wichtig sind, um Femizide zu verhindern. »Es braucht ein Hilfesystem, in dem jede Frau die Hilfe bekommt, die sie braucht. Ohne bürokratische Hürden.« Tatsächlich sind Frauenhäuser ein wichtiger Baustein für die Prävention von Femiziden, sie bieten Schutz und einen sicheren Zufluchtsort. Und wer seinen Partner nicht nur verlässt, sondern sich auch erfolgreich vor ihm versteckt, kann nicht getötet werden.

Insgesamt gibt es zurzeit 350 Frauenhäuser und 100 Schutzwohnungen in Deutschland. In diesen stehen insgesamt etwa 6500 Plätze zur Verfügung. Das ist allerdings viel zu wenig. Im Jahr 2014 wurden insgesamt 17 400 Frauen und 16 900 Kinder in Schutzeinrichtungen aufgenommen. Aktuellere Zahlen gibt es nicht. Nicht gezählt wurden diejenigen Frauen, die abgewiesen werden mussten, weil kein Zimmer mehr frei war. In manchen Bundesländern kommt es durchaus vor, dass an vielen Tagen im Jahr kein einziger Platz für schutzsuchende Frauen frei ist.

An dieser Stelle kommt Deutschland seinen Verpflichtungen nicht ausreichend nach. Die Bundesrepublik hat die Istanbul-Konvention unterschrieben, die die Vertragsstaaten verpflichtet, ein Schutzsystem für Gewaltopfer zu schaffen, das Hilfe sofort, effektiv und in ausreichendem Maße anbietet. Konkret wird darin ein Familienplatz (mit 2,59 Betten/Plätzen für Frau und Kinder) pro 10 000 Einwohner:innen der Gesamtbevölkerung gefordert. Für Deutschland wären das laut der Zentralen Informationsstelle Autonomer Frauenhäuser 21 429 Betten. Das heißt, in Deutschland fehlen aktuell 15 000 Plätze.

Mittelfristige Maßnahmen

Hat eine Frau die Polizei eingeschaltet, sich erfolgreich von ihrem gewalttätigen Ex-Partner getrennt oder Zuflucht in einem Frauenhaus gefunden, sind das wichtige erste Schritte. Langfristig sicher vor einem Femizid ist sie noch nicht. Wenn die akute Gefahrensituation erst einmal im Griff ist, muss es darum gehen, die Gewaltspirale zu unterbrechen.

Die Gefährderansprachen der Polizei sind ein Anfang, reichen aber oft nicht aus. In manchen Fällen wäre Polizeischutz rund um die Uhr nötig, um die Sicherheit der Frauen zu gewährleisten. Doch das ist teuer und braucht viel Personal, deshalb werden Frauen nur in absoluten Ausnahmesituationen von der Polizei bewacht. Rania Idrissi musste erst von ihrem Mann angegriffen und schwer verletzt werden, bis sie persönlichen Schutz erhielt.

In Spanien haben die Behörden eine Lösung für dieses Problem gefunden, die es ihnen erlaubt, relativ viele Frauen mittelfristig vor ihren (Ex-)Partnern zu schützen. Dort müssen gewalttätige Männer ein elektronisches Armband tragen, das die gefährdeten Frauen und die Polizei alarmiert, wenn sie sich ihnen nähern. Diese Option garantiert Gewaltopfern indirekten Polizeischutz, ohne dabei immense Personalkosten zu verursachen. Für Frauen wie Kader K., die sich Polizeischutz gewünscht hätte, wäre das eine zusätzliche Schutzmaßnahme gewesen.

In Sachen Gewaltprävention in Beziehungen ist das Bundesland Rheinland-Pfalz absoluter Vorreiter. Dort existiert bereits seit 20 Jahren ein Projekt namens RIGG, das Rheinland-pfälzische Interventionsprojekt gegen Gewalt in engen Beziehungen, welches vom Landesministerium für Bildung, Frauen und Jugend koordiniert wird. Es vernetzt Staatsanwaltschaft, Polizei, Jugendämter und Beratungsstellen in insgesamt 22 regionalen Runden Tischen. Irgendwann stellten die RIGG-Verantwortlichen fest, dass in mindestens der Hälfte der Fälle, in denen Männer ihre (Ex-)Partnerin schwer verletzten oder sogar töteten, Polizei oder Beratungsstellen schon im Vorhinein von der Gewalt in der Partnerschaft gewusst hatten, weil sie bereits interveniert oder die Betroffenen sich vorab Hilfe gesucht hatten. Immer wieder kam deswegen die Frage auf, ob man diese Gewalttaten durch eine bessere Vernetzung und einen effizienteren Informationsaustausch hätte verhindern können. In der Folge entwickelte eine RIGG-Fachgruppe ein Konzept für das Management von Hochrisikofällen häuslicher Gewalt, welches bereits seit mehr als zwei Jahren flächendeckend in Rheinland-Pfalz implementiert ist.

Das Konzept funktioniert wie folgt: In einem ersten Schritt müssen alle Frauen, die wegen häuslicher Gewalt die Polizei oder eine Fraueninterventionsstelle kontaktieren, einen Fragebogen ausfüllen. Damit soll eingeschätzt werden, wie groß die Gefahr für sie ist, von ihrem (Ex-)Partner getötet zu werden. Denn wenn man die richtigen Fragen stellt, können Gewaltopfer die Lage oft realistisch einschätzen. Sie sind oder waren mit dem Gewalttäter zusammen, kennen seine Gewohnheiten, merken, wenn sich sein Verhalten verändert oder die Situation sich zuspitzt. Das Problem ist nur, dass ihnen häufig nicht bewusst ist, was sie wissen, und sie die Signale nicht immer korrekt deuten. Deshalb hat die Wissenschaftlerin Jacquelyn Campbell bereits in den Achtzigerjahren einen Fragenkatalog mit dem Namen »Danger Assessment«, Risikoeinschätzung, entworfen.

In Rheinland-Pfalz arbeiten die Behörden mit Fragebögen wie dem von Campbell. Zunächst müssen die Frauen in einem Kalender ankreuzen, wann und in welcher Form sie im Laufe des vergangenen Jahres von ihrem Partner geschlagen und verletzt wurden. Anschließend werden sie gebeten, mehrere Fragen zur Art und Weise der ihnen widerfahrenen Gewalt zu beantworten, zum Beispiel: »Ist die physische Gewalt im letzten Jahr häufiger oder schlimmer geworden?«, oder: »Würgt er Sie?« In anderen Fragen geht es darum, ob der Täter arbeitslos oder häufig betrunken ist, ob er sie stalkt und ob sich die Frau im letzten Jahr von ihm getrennt hat. Je häufiger die betroffene Frau mit »Ja« antwortet, desto gefährdeter ist sie. Durch solche Fragenkataloge erhoffen sich die Behörden, die individuelle Gefahrensituation besser einschätzen zu können und ihre Ressourcen zum Schutz der Frauen effizienter einzusetzen.

Ist die Gefährdungslage genauer bestimmt worden, kann eine Fallkonferenz einberufen werden. Dort wird entschieden, welche weiteren Maßnahmen zum Schutz des Opfers nötig sind. Etwa ob der Täter der Wohnung verwiesen werden muss. Im Jahr 2019 kamen in Rheinland-Pfalz so 516 Konferenzen bei 448 Fällen zustande, manchmal mussten Fälle mehr als einmal besprochen werden.

Auf den ersten Blick ist das kein innovatives Konzept, allerdings wird so sichergestellt, dass flächendeckend alle Möglichkeiten ausgeschöpft werden, um gefährdete Frauen zu schützen. Damit wird verhindert, dass jemand durchs Raster fällt, nur weil sich niemand verantwortlich fühlt einzuschreiten. Das Hochrisikomanagement des RIGG-Projektes wurde gleich nach seiner Einführung von der Universität Koblenz-Landau evaluiert. Dafür wurden jene Fälle, die nicht in einer Fallkonferenz besprochen wurden, mit denen verglichen, für die eine Fallkonferenz einberufen wurde. Die Rückfallwahrscheinlichkeit für die nicht besprochenen Fälle lag bei 42 Prozent, für die besprochenen Fälle aber nur bei lediglich bei 20 Prozent. Das heißt, dass das Risiko einer Frau, wieder Opfer von Gewalt in der Beziehung zu werden, durch die Fallkonferenz und die daraufhin eingeleiteten Maßnahmen halbiert wurde. Das wiederum zeigt: Je intensiver man sich mit einem einzelnen Fall beschäftigt, desto höher liegt die Chance, weitere Gewalt und somit auch Femizide zu verhindern. Die rheinland-pfälzische Frauenministerin Anne Spiegel (BÜND-

NIS 90/DIE GRÜNEN) glaubt: »Frühe und vor allem koordinierte Intervention hilft.«

Das Ziel aller mittelfristigen Maßnahmen muss es sein, die Frau zu schützen. Das ist schwierig, wenn es gemeinsame Kinder gibt. Dann ist es für die Frau im Prinzip nicht oder kaum möglich, den Kontakt zum Ex-Partner komplett abzubrechen. Denn selbst wenn der Täter sich der Frau nicht nähern darf, hat er in der Regel das Recht, seine Kinder regelmäßig zu sehen. Jedes Treffen, bei dem die Kinder übergeben werden, wird so zu einer neuen potenziellen Gefahrensituation für die Frau. Die Fälle von Rania Idrissi und Kader K. in diesem Buch zeigen: Einige Täter nutzen das gezielt aus.

Heike Herold von der Frauenhauskoordinierung e.V. hält dieses Umgangsrecht für »eine der größten Sicherheitslücken«. Das Jugendamt oder die Familiengerichte wollen meist beiden Elternteilen gerecht werden. Dies geschehe jedoch oft zu Lasten der Sicherheit der Frau und der Kinder. Herold plädiert deshalb dafür, das Umgangsrecht unter Umständen temporär auszusetzen. Wenn der Vater die Kinder wieder sehen dürfe, solle die Übergabe in jedem Fall in einem sicheren Rahmen erfolgen, ohne dass sich Vater und Mutter dabei begegnen. Herold geht aber noch weiter. Sie findet, der gesamte Umgang sollte zumindest für einen bestimmten Zeitraum geschützt ablaufen, das Treffen zwischen Vater und Kindern in festen Räumlichkeiten und in Anwesenheit von Mitarbeiter:innen des Jugendamtes stattfinden, damit der Vater »nicht die Kinder gegen die Mutter beeinflussen und instrumentalisieren kann«.

Neben dem bestmöglichen Schutz der Frauen darf man die Präventionsarbeit mit den Tätern nicht vergessen. Sie sind es schließlich, die am Ende die Entscheidung treffen, die Frau noch einmal zu schlagen oder gar zu töten. Deswegen spielt Täterarbeit eine zentrale Rolle bei der Frage, wie man Femizide künftig verhindern kann. Opferarbeit wird erst dann überflüssig, wenn die Täterarbeit erfolgreich ist. Ein Beispiel dafür sind Anti-Gewalt-Trainings für Täter häuslicher Gewalt. Dort sprechen Therapeut:innen mit gewalttätigen Männern über ihre Männer- und Frauenbilder. Sie reden mit ihnen über die Folgen der Gewalt für ihr eigenes Leben, das Leben ihrer (Ex-)Partnerin und das ihrer Kinder. Außerdem lernen und üben die Männer dort, wie sie ihre Gefühle zum Ausdruck bringen und Konflikte bewältigen können – ohne dabei gewalttätig zu werden.

Es gibt verschiedene Wege, die Männer zu einem solchen Training führen. Entweder sie gehen freiwillig hin, weil sie ihr Problem selbst erkennen. Oder Menschen aus ihrem Umfeld motivieren oder drängen sie dazu. In manchen Fällen werden sie auch von einem Gericht oder der Staatsanwaltschaft dazu verpflichtet. Daten des Bundesministeriums für Familie, Senioren, Frauen und Jugend (BMFSFJ) zeigen, dass die Männer, denen die Teilnahme an einem Anti-Gewalt-Training verordnet wurde, in der Überzahl waren und signifikant länger durchhielten, bis sie rückfällig wurden. Das bedeutet, dass es dringend notwendig ist, Druck auf die Täter auszuüben und aktive Täterarbeit voranzutreiben. Allein auf Freiwilligkeit und Selbsterkenntnis zu setzen, reicht nicht aus.

Langfristige Maßnahmen

Alle bislang aufgeführten Maßnahmen setzen erst dann an, wenn ein Mann einer Frau gegenüber bereits gewalttätig geworden ist. Das Ziel sollte es aber sein, es gar nicht erst zu Gewalt gegen Frauen oder zu Femiziden kommen zu lassen. Dafür müsste sich unsere Gesellschaft grundlegend verändern.

Um das zu erreichen, müsste zunächst ein Umdenken stattfinden. Denn Femizide hängen eng mit Geschlechterstereotypen und geschlechtsbezogenen Machtverhältnissen zusammen. So müsste man daran arbeiten, dass Männer verinnerlichen, dass Frauen nicht ihr Besitz sind, auf den sie Ansprüche erheben können. Deshalb sollte man frühzeitig ansetzen und schon mit Kindern im Kita- und Grundschulalter über Gleichberechtigung sowie Frauen- und Männerbilder sprechen, um Vorstellungen und bestimmte Erwartungen an Weiblichkeit und Männlichkeit abzubauen. Man sollte geschlechtliche Vielfalt thematisieren, unter anderem weil Heteronormativität, also die Annahme, dass es nur zwei Geschlechter gibt, die eindeutig zu unterscheiden sind, geschlechtsspezifische Gewalt gegen diejenigen fördern kann, die nicht in diese Weltvorstellung passen. Außerdem sollten Kinder möglichst früh lernen, Konflikte gewaltfrei zu lösen. Das alles sollte sowohl in Kitas und Schulen passieren – und in vielen erfolgt das durchaus schon – als auch innerhalb der Familie.

Natürlich hilft jeder Schritt hin zu einer gleichberechtigten Gesellschaft, etwa die gleiche Bezahlung für Männer und Frauen. Nur so können Abhängigkeitsverhältnisse abgeschafft werden und Frauen die Chance erhalten, sich früher und selbstständig von gewalttätigen Männern zu lösen. Auch eine finanzielle Unterstützung für Frauen, die sich aus einer Gewaltbeziehung lösen wollen, könnte helfen. Mit dem Antrag »Femizide in Deutschland untersuchen, benennen und verhindern«, der am 19. November 2020 im Bundestag vorgestellt wurde, forderte die Linksfraktion die Bundesregierung etwa auf, »ein Bundesprogramm aufzusetzen, das den Frauen, die sich aus Gewaltsituationen befreien wollen, finanzielle Starthilfen zur Verfügung stellt und gezielte Unterstützung in der Arbeitsvermittlung anbietet«.

Abhängigkeiten sind allerdings nicht nur rein finanzieller Natur. Genauso wichtig sind daher Schritte, die das Selbstbewusstsein und die Selbstbehauptung von Frauen fördern. Eine echte Veränderung kann erst dann stattfinden, wenn ein

Bewusstsein für das Problem Femizide in der Mehrheitsgesellschaft vorhanden ist. Mehrere Bereiche spielen an dieser Stelle eine wichtige Rolle.

Zunächst einmal braucht es belastbare Zahlen, um das ganze Ausmaß des Problems zu begreifen. Derzeit orientiert man sich in Deutschland an den Zahlen, die jährlich vom Bundeskriminalamt (BKA) in seiner Veröffentlichung zu Partnerschaftsgewalt zusammengefasst werden. Diese stammen aus der Polizeilichen Kriminalstatistik (PKS), die die Summe der Daten aller 16 Landeskriminalämter (LKA) abbildet. Doch wie bereits erwähnt, bräuchte es viel mehr Informationen über die Fälle, um Strukturelles zu begreifen und angemessen darauf zu reagieren. Die PKS zählt die Täter und Opfer, die die Polizei registriert, und erfasst Daten wie deren Geschlecht. Zu den Tatmotiven aber macht die Statistik naturgemäß keine Angaben, ist es doch Sache der Justiz festzustellen, warum jemand eine Tat begangen hat. Diese relevanten Informationen werden bislang auch an keiner anderen Stelle zentral gesammelt.

Die Bundesregierung gestand ihr Unwissen in der Antwort auf eine Kleine Anfrage der Linksfraktion vom Mai 2019 ein. Die Frage danach, bei wie vielen der Frauentötungen innerhalb einer (Ex-)Partnerschaft im Jahr 2018 es sich um Femizide gehandelt habe, könne man nicht beantworten, denn: »Die Tatmotivation wird in der PKS nicht erfasst.«

Kommt man zurück auf die wesentlich breiter gefasste Femiziddefinition in der *Vienna Declaration on femicide,* versteht man also unter Femiziden nicht nur (Ex-)Partnertötungen, steht man vor noch größeren Fragezeichen. Umso wichtiger wäre es, bei jeder einzelnen Frauentötung zu prüfen, ob es sich dabei um einen Femizid gehandelt hat.

Je mehr man über Femizide weiß, desto wirksamer kann man sie bekämpfen und im besten Fall verhindern. Das ist der Ansatz des »European Observatory on Femicides«, der unter anderem von der Soziologin Monika Schröttle initiiert wurde.

Die Linksfraktion fordert von der Bundesregierung etwas Ähnliches: Die Einrichtung einer unabhängigen Beobachtungsstelle für Femizide, die Daten erhebt und erforscht.

Unabhängig davon dürfen Femizide und ganz allgemein Gewalt gegen Frauen nicht länger bagatellisiert werden. Eine zentrale Rolle spielen dabei die Medien. Sie sollten nicht einfach über einzelne schockierende Femizide berichten, sondern den Fokus darauf legen, dass es sich hierbei um ein systemisches Problem handelt. Ein positives Beispiel dafür liefert die Deutsche Presseagentur (dpa), die in jedem Medienbericht über einen Femizid auch die jährlichen Fallzahlen thematisiert.

Allein die konsequentere Benutzung des Begriffs Femizid wäre ein Anfang. Anstatt die Sicht der Täter zu übernehmen, indem man einen Femizid als »Eifersuchtsdrama« oder »Mord aus Liebe« beschreibt, wünschen sich viele Überlebende und Familienangehörige von Femizid-Opfern eine respektvollere Berichterstattung über die Opfer.

Die Macht von Sprache ist nicht zu unterschätzen. Das Bewusstsein für Femizide in der deutschen Gesellschaft steigt allmählich durch engagierte Aktivist:innen, Forscher:innen, Jurist:innen und Politiker:innen, von denen einige in diesem Buch zu Wort kommen. Doch solange die Bundesregierung sich weigert, von Femiziden zu sprechen, ist der Weg zu einem besseren Verständnis weit.

Aus der Antwort auf eine parlamentarische Anfrage der Linksfraktion aus dem Jahr 2018 geht hervor, dass sich die Bundesregierung der Femiziddefinition der Weltgesundheitsorganisation WHO nicht anschließen will, weil »der Begriff nicht klar konturiert ist und verschiedene Interpretationsmöglichkeiten eröffnet werden«. Manche Bundestagsabgeordneten sehen nicht einmal die Notwendigkeit, zwischen Gewalt gegen Frauen und Gewalt gegen Männer zu unterscheiden. Sylvia Pantel, Mitglied der CDU/CSU-Fraktion, erklärte in einer Debatte über Gewalt gegen Frauen und Femizide im November

2020, die Aussage »Frauen werden getötet, weil sie Frauen sind«, sei eine Vereinfachung, die Opfern nicht helfe. »Jedes Opfer, das von Gewalt betroffen ist«, stehe im Mittelpunkt, »nicht das Geschlecht«.

Natürlich ist ein Opfer nicht weniger wert als ein anderes. Doch es ist problematisch, wenn eine Abgeordnete der regierenden Partei nicht anerkennt, dass es strukturelle Unterschiede gibt zwischen den Fällen, in denen Frauen getötet werden, und solchen, in denen Männer getötet werden. Bei Tötungsdelikten sind Männer häufiger Opfer als Frauen, das ist eine Tatsache. Genauso Fakt ist, dass die meisten Opfer bei Tötungen im Rahmen einer (Ex-)Partnerschaft Frauen sind. Und dass dieser Umstand Ausdruck eines strukturellen Problems ist.

Die Debatte um Femizide in Frankreich, die von Demonstrationen ausgelöst wurde, zeigt, dass eine breite gesellschaftliche Bewegung nötig ist, damit die Politik gezwungen ist, zu handeln und den Kampf gegen Femizide zu ihrer Priorität zu machen. Erst einmal muss also das Bewusstsein für das Problem geschaffen werden, dann können Forderungen an die Politik gestellt werden.

In diesem Buch liegt der Schwerpunkt bewusst auf Frauen. Wenn es aber um die Frage geht, was sich ändern muss, um die Lage von Frauen in Deutschland zu verbessern, müssen Männer in den Fokus genommen werden. Und zwar nicht nur solche, die bereits Täter sind, sondern alle. Viel zu oft verstecken sich Männer hinter Alibis wie »nicht alle Männer sind so« oder »ich bin aber nicht so«. Doch bei Femiziden handelt es sich nicht um ein individuelles, sondern um ein kollektives Problem, das man bekämpfen kann, selbst wenn man selbst nicht gewalttätig ist. Denn solange es gesellschaftlich toleriert ist, wenn Männer Besitzansprüche auf ihre Partnerinnen erheben – und sei es auch nur implizit –, wird es Femizide geben.

So sollten Männer zunächst auf sich schauen. Beobachten, wie sie mit Konflikten umgehen, wie sie mit Gefühlen umgehen, wie sie mit anderen Geschlechtern umgehen. Sich selbst zu reflektieren heißt frühzeitig zu erkennen, ob man zur Gefahr für andere werden könnte. Dann sollten sie den Blick auf ihr Umfeld richten. Männer sind befreundet mit anderen Männern, spielen Fußball zusammen, sitzen in der Kneipe, tauschen sich über Probleme und Frustrationen aus. Sie müssen hinhören. Wenn ein Freund etwa sagt: »Meine Freundin macht mich rasend«, sollte das ernst genommen und thematisiert werden. Was meint das Gegenüber damit? Wie viel Wut und Aggression ist da vorhanden? Wenn jemand seine Partnerin isoliert oder ihr aus Eifersucht nachspioniert, ist es wichtig, als Freund einzugreifen, zu sagen, dass das nicht geht. Wie die Kriminologin Monckton Smith sagt: Das soziale Umfeld zählt. Wer als potenzieller Täter von seinen Freunden nicht in seinen Ansichten unterstützt wird, schreitet möglicherweise nicht zur Tat. Genauso sollten Männer es ernst nehmen, wenn eine Freundin sagt: »Eigentlich will ich mit meinem Freund Schluss machen, aber ich traue mich nicht.« Auch hier gilt: zuhören, nachfragen, im Notfall auf Hilfsangebote wie Frauenhäuser hinweisen.

Eine breite gesellschaftliche Bewegung besteht eben erst, wenn die Breite der Gesellschaft mitmacht. Dabei sind Männer explizit auch gemeint.

Dank

Viele Frauen, die einen Femizidversuch überlebt haben, wollen das, was ihnen geschehen ist, am liebsten vergessen. Viele haben Angst davor, mit ihrer Geschichte an die Öffentlichkeit zu gehen. Wir möchten uns deshalb an erster Stelle bei den fünf Frauen bedanken, die uns ihre Lebensgeschichte erzählt haben: Stefanie K., Nadja Yousfi, Rania Idrissi, Vanessa Münstermann und Kader K.

Zum Teil haben uns die Anwältinnen der Frauen den Kontakt zu ihnen vermittelt. Wir bedanken uns dafür bei Petra von Schumann, Christine George-Jakubowski und Gitta Gerzmann.

Ein großer Dank gilt auch den Angehörigen, die ihr Leid mit uns geteilt haben. Danke an Katrin Biber, Chris Hesse, Hubertus Sander, Loredana Magnoni und Massimo Baroni. Danke an Andreas für das offene Gespräch.

Im Laufe der Recherche zu diesem Buch haben wir mit verschiedenen Expert:innen gesprochen, die im Buch zu Wort kommen oder die uns wichtiges Hintergrundwissen geliefert haben: Monika Schröttle, Anja Steingen, Heike Herold, Uwe Stürmer, Sarah Rahe, Julia Habermann, Julia Kasselt, Anna Jacob. Auch bei ihnen möchten wir uns bedanken.

Dieses Buch wäre nicht entstanden ohne die Hilfe unseres Buchagenten Alfio Furnari und wäre nicht so erschienen ohne unsere Lektorin Julia Kompe und ohne die Unterstützung von Angelika Mette vom SPIEGEL-Verlag und von Karen Guddas von der DVA. Sie haben von Anfang an an dieses Buch geglaubt. Danke dafür.

Dazu noch ein paar persönliche Worte der Dankbarkeit.

Laura dankt ihren Eltern, ihrer Schwester und ihrem Mann.

Margherita: Danke an die drei Frauen, die mich zu der Frau gemacht haben, die ich heute bin: meine Mutter und meine beiden Großmütter. Durch ihre Erzählungen leben in mir die Erfahrungen vieler anderer Frauengenerationen meiner Familie weiter. Für dieses matriarchalisch geprägte Erbe bin ich sehr dankbar. Danke an meinen Vater für seine bedingungslose Liebe. Einen großen Dank an meinen Ehemann, der mich immer unterstützt – auch beim Schreiben dieses Buches. Und danke an alle wunderbare Frauen, die Teil meines Lebens sind oder waren, mich stets bereichern und inspirieren, und zu viele sind, um sie hier einzeln zu benennen.

Literaturverzeichnis

Accossatto, Romina und Sendra, Mariana: »Movimientos feministas en la era digital. Las estrategias comunicacionales del movimiento Ni una Menos«, *Encuentros, Revista de Ciencias Humanas, Teoría Social y Pensamiento Crítico,* 6 (8), (2018), 117-136.

Alisic E, Groot A, Snetselaar H, Stroeken T, van de Putte E: »Children bereaved by fatal intimate partner violence: A population-based study into demographics, family characteristics and homicide exposure«, *PLoS ONE*, 12(10), (2017).

Bettoni, Margherita: »Liebe mich oder stirb.«, *Reportagen*, #45, (Bern: Puntas Reportagen AG, 2019), 19-37.

BGH, *Urteil vom 29.10.2008 – 2 StR 349/08 – DRsp Nr. 2008/21818,* »Zur Ablehnung der Strafmilderung nach §§ 21, 49 Abs. 1 StGB wegen verschuldeten Affekts in Fällen lebenslanger Freiheitsstrafe«.

BGH, *Urteil vom 28.01.2004 – 2 StR 452/03 – LG Frankfurt am Main,* »Zum Mordmerkmal der niedrigen Beweggründe bei ausländischen Tätern«.

BGH, *Urteil vom 7.10.1994 – 2 StR 319/94,* »Blutrache«.

Biber, Katrin: *Larissas Vermächtnis. Der schreckliche Mord an meiner Schwester und mein Weg zurück ins Leben,* (München: Piper Verlag, 2020).

BKA: »Partnerschaftsgewalt. Kriminalstatistische Auswertung – Berichtsjahr 2018«, (Wiesbaden: Bundeskriminalamt, 2019).

Deutscher Bundestag: Drucksache 19/10062, *Antwort der Bundesregierung auf die Kleine Anfrage der Abgeordneten Cornelia Möhring, Doris Achelwilm, Gökay Akbulut, weiterer Abgeordneter und der Fraktion DIE LINKE.,* »Frauenmorde – deutsche

Ausprägung eines globalen Phänomens«, (Berlin: Deutscher Bundestag, 10.05.2019).
Deutscher Bundestag: Drucksache 19/23999, *Antrag der Abgeordneten Cornelia Möhring, Doris Achelwilm, Gökay Akbulut et al. und der Fraktion DIE LINKE.*, »Femizide in Deutschland untersuchen, benennen und verhindern«, (Berlin: Deutscher Bundestag, 04.11.2020).
Deutscher Bundestag: *Plenarprotokoll 19/192*, »Deutscher Bundestag, Stenografischer Bericht, 192. Sitzung«, (Berlin: Deutscher Bundestag, 19.11.2020).
Campbell, Jacquelyn C. et al.: »Risk Factors for Femicide in Abusive Relationships: Results From a Multisite Case Control Study«, *American Journal of Public Health*, 93 (7), (Juli 2003): 1089-1097.
Cervera Gómez, Luis Ernesto und Monárrez Fragoso, Julia Estela: *Geografía de la violencia en Ciudad Juárez, Chihuahua*,(Ciudad Juárez: El Colegio de la Frontera Norte, 2013).
Chollet, Mona: *Hexen. Die unbesiegte Macht der Frauen. Nautilus Flugschrift*, (Hamburg: Edition Nautilus, 2020).
Clemm, Christina: *AktenEinsicht. Geschichten von Frauen und Gewalt*, (München: Verlag Antje Kunstmann, 2020).
Corte Interamericana de Derechos Humanos: »Caso González y otras (›campo algodonero‹) vs. México«, (San José: Corte IDH, 16.11.2009).
Department of Economic Affairs, Ministry of Finance, Government of India: »Economic Survey 2017-18. Volumes 1 and 2«, (Neu-Delhi: Januar 2018).
Elisha, Ety et al.: »Typology of intimate partner homicide: Personal, interpersonal and environmental characteristics of men who murdered their female intimate partner«, *International Journal of Offender Therapy and Comparative Criminology*, 54 (4), (August 2010): 495-516.
Europarat: *SEV Nr. 210*, »Übereinkommen des Europarats zur Verhütung und Bekämpfung von Gewalt gegen Frauen und

häuslicher Gewalt« (Istanbul-Konvention), Council of Europe Treaty Series, (Istanbul: 11.05.2011).

Foljanty, Lena und Lembke, Ulrike: »Die Konstruktion des Anderen in der »Ehrenmord«-Rechtsprechung«, *Kritische Justiz* 47 (3), (2014): 298-315.

Gaspar de Alba, Alicia und Guzmán, Georgina (Hrsg.): *Making a Killing. Femicide, Free Trade and La Frontera,* (Austin: University of Texas Press, 2011).

Greuel, Luise und Petermann, Axel (Hrsg.): *Macht – Nähe – Gewalt: (?): (Sexuelle) Gewalt und Tötungsdelikte im sozialen Nahraum,* (Lengerich: Pabst Science Publishers, 2007).

Guerrera, Frida (2018): *#Ni Una Más. El feminicidio en México. Tema urgente en la Agenda Nacional,* (Madrid: Aguilar, 2018).

Heynen, Susanne und Zahradnik, Frauke: *Innerfamiliäre Tötungsdelikte im Zusammenhang mit Beziehungskonflikten, Trennung beziehungsweise Scheidung,* (Weinheim: Beltz Juventa Verlag, 2017).

Kasselt, Julia: »Ehre im Spiegel der Justiz. Eine Untersuchung zur Praxis deutscher Schwurgerichte im Umgang mit dem Phänomen der Ehrenmorde«. In: Albrecht, Hans-Jörg und Kaiser, Günther (Hrsg.), *Kriminologische Forschungsberichte* (Band K 172), (Berlin: Duncker & Humblot, 2016).

Lagarde de los Rios, Marcela: »Del femicidio al feminicido«, *El Jardín de Freud,* 6, (Universidad Nacional de Colombia, Januar 2006): 216-225.

Monckton Smith, Jane: »Intimate Partner Femicide: using Foucauldian analysis to track an eight stage relationship progression to homicide«, *Violence Against Women,* 26 (11), (August 2019): 1267-1285.

Müller, Ursula und Schröttle, Monika: *Lebenssituation, Sicherheit und Gesundheit von Frauen in Deutschland. Eine repräsentative Untersuchung zu Gewalt gegen Frauen in Deutschland,* (Berlin: Bundesministerium für Familie, Senioren, Frauen und Jugend, 2004).

Münstermann, Vanessa: *Ich will mich nicht verstecken*, (Reinbek: Rowohlt Verlag, 2019).

Nicolaidis, Christina et al.: »Could We Have Known? A Qualitative Analysis of Data from Women Who Survived an Attempted Homicide by an Intimate Partner«, Journal of General Internal Medicine, 18(10), (Oktober 2003): 788–794.

Oberwittler, Dietrich und Kasselt, Julia: »Ehrenmorde in Deutschland 1996–2005. Eine Untersuchung auf der Basis von Prozessakten.« In: Bundeskriminalamt (Hrsg.), *Polizei + Forschung*, Band 42, (Köln: Luchterhand Fachverlag, 2011).

Pantel, Nadia: »Woher kommt die Gewalt?«, *Süddeutsche Zeitung*, 11.10.2019.

Radford, Jill und Russell, Diana E. H (Hrsg.): *The Politics of Woman Killing*, (New York: Twayne Publishers, 1992).

Schröttle, Monika: *Gewalt in Paarbeziehungen. Expertise für den Zweiten Gleichstellungsbericht der Bundesregierung*, (Berlin: Institut für Sozialarbeit und Sozialpädagogik e.V., 2017).

Schröttle, Monika: *Gewalt gegen Frauen in Paarbeziehungen. Eine sekundäranalytische Auswertung zur Differenzierung von Schweregraden, Mustern, Risikofaktoren und Unterstützung nach erlebter Gewalt*, Broschüre, (Berlin: Bundesministerium für Familie, Senioren, Frauen und Jugend, 03.07.2014).

Schröttle, Monika und Khelaifat, Nadia: *Gesundheit – Gewalt – Migration. Eine vergleichende Sekundäranalyse zur gesundheitlichen und Gewaltsituation von Frauen mit und ohne Migrationshintergrund in Deutschland*, (Berlin: Bundesministerium für Familie, Senioren, Frauen und Jugend, 17.12.2007).

Spencer, Chelsea Marie: *A meta-analysis of risk factors for intimate partner homicide: Examining male perpetration and female victimization*, Dissertation, (Manhattan: Kansas State University, 2018).

Steingen, Anja (Hrsg.): »Häusliche Gewalt: Handbuch der Täterarbeit«, (Göttingen: Vandenhoeck & Ruprecht, 2020).

United Nations, Economic and Social Council: *Statement submitted by the Academic Council on the United Nations System* a non-governmental organization in consultative status with the Economic and Social Council: *Vienna Declaration on Femicide*, E/CN.15/2013/NGO/1, (Wien: ECOSOC, 2013).

United Nations, Office on Drugs and Crime: »Global Study on Homicide 2019. Executive Summary«, (Wien: UNODC, 2019).

United Nations, Office on Drugs and Crime: »Global Study on Homicide. Gender-related killing of women and girls«, (Wien: UNODC, 2019).

United Nations, Studies Association: *Femicide*, Vol. XII, »Living Victims of Femicide Silenced to Death«, (Wien: UNSA, 2019).

Weil, Shalva, Corradi, Consuelo und Naudi, Marceline: *Femicide across Europe. Theory, research and prevention*, (Bristol: Policy Press, 2018).